EN LA BOLSA

NUEVA EDICIÓN

LUCAS LEYS

> Leys, Lucas
> No me metan en la bolsa. - 3a. ed. - Buenos Aires:
> Certeza Argentina, 2004.
> 208 p. ; 17x11 cm.
>
> ISBN 950-683-117-3
>
> 1. Guía Cristiana para Adolescentes I. Título
> CDD 248.83

© 2004 L.A.GR.AM.
© 2004 Ediciones Certeza Argentina, Buenos Aires. Queda hecho el depósito que establece la Ley 11.723. Prohibida la reproducción total o parcial sin la autorización escrita de los editores. Su infracción está penada por las leyes 11723 y 25446.

Las citas bíblicas corresponden a la *Reina-Valera Revisada* 1995 y a la *Versión Popular: Dios habla hoy* 1994. Paráfrasis y énfasis del autor en cursiva.

Edición: Sofía Martín y Adriana Powell
Diseño de cubierta: Walter Saucedo
Diseño de interior: Michael Collie
Dibujos: José Traghetti

Certeza Argentina es un ministerio de la Asociación Bíblica Universitaria Argentina (abua) que tiene la visión de comunicar el señorío de Cristo sobre la totalidad de la vida.

L.A.GR.AM. (Liderazgo y Adolescencia, Grupo de Amigos) es un ministerio íntegramente dedicado a evangelizar, contener, discipular y capacitar a adolescentes. Contribuye con la iglesia local para que todo adolescente alcance la madurez en Cristo.
Para contactarnos: *www.lagram.com.ar*

Contactos:
Ministerio a universitarios y secundarios:
(54 11) 4331-5421 | abuanac@gmail.com | www.abua.com.ar

Editorial:
certeza@certezaargentina.com.ar | www.certezaonline.com

Ventas:
Argentina. Tel./fax: (54 11) 4342-3835/8238
pedidos@distribuidoracerteza.com |
Exterior. Tel./fax: (54 11) 4331-6651 ventas@certezaargentina.com.ar

Impreso en Colombia. *Printed in Colombia.*

A Dios, en especial por cuidarme en mi adolescencia.

A papá y mamá,

a mis amigos,

y a todos aquellos que sueñan protagonizar grandes cosas junto a Dios.

Contenido

	Comencemos	7
1	No me metan en la bolsa	11
2	Completamente locos	25
3	Y a mí, ¿quién me quiere?	35
4	Los cazadores de la independencia perdida	47
5	¿Te la transaste?	59
6	El camaleón	69
7	Los rebeldes	83
8	Perdiendo el control	97
9	¿Quieres ser mi amigo?	117
10	De frente	133
11	Súper Saulo	147
12	Sexomaníacos	157
13	Cuando me rindo	169
14	De fiesta en fiesta	177
	Recursos de la Biblia	191
	Amigo o amiga	193
	Referencias	195

Comencemos

De costado

¿Qué es la bolsa? La bolsa es el sistema, la cultura, las costumbres, los hábitos, la onda. La bolsa es a lo que la Biblia nos recomienda que no nos conformemos cuando dice:

> No os conforméis a este mundo, sino
> transformaos por medio de la renovación
> de vuestro entendimiento.
>
> Romanos 12.2

(Si algún líder está espiando: la bolsa es la confluencia de estratos de conducta propios de una sociedad joven, fruto de la posmodernidad.)

En este libro nos ubicaremos 'a un costado' de la bolsa; en algunos capítulos la analizaremos, criticaremos, y buscaremos estrategias para salir. En otros, nos daremos cuenta de que la bolsa puede ser sentimientos interiores; seguramente provocados por estímulos externos; *pero igualmente, ahí están*, siendo parte de nosotros.

Es mi intención al escribir este libro que todos podamos extender nuestros pulmones, aspirar con fuerza y sacar la cabeza a descubrir las verdaderas intenciones del 'viejo de la bolsa': Satanás. Espero que este libro te sirva para asomarte a ver las enormes ventajas y lo desafiante que es la verdadera realidad del Señor.

De frente

En los últimos años, dentro de ti se produjeron muchos cambios. Tu cuerpo cambió, te desarrollaste y empezaste a tener otra perspectiva de la vida, de la sociedad, de tu familia y, sobre todo, de ti mismo.

Comenzaste a darte cuenta de que no sólo tu cuerpo cambiaba: te empezaron a interesar otras cosas y la vida ya no se pudo vivir sin un grupo.

Desde que todo esto se gestó, probablemente tuviste que estar en más de un grupo al mismo tiempo. En ese o esos grupos comenzaste a tener una necesidad cada vez más fuerte de sentirte aceptado y querido, para lo cual tuviste que respetar ciertos códigos del grupo del cual formabas parte: ropa, música, gustos, etc. Todo esto se transformó progresivamente en una presión: la de ser como los demás. En tu interior comenzó a dar vueltas un impulso de expresarte, de ser libre, de mostrarte como realmente eres.

Este tipo de vivencias pudo haber quedado atrás, o quizás las estés pasando ahora. Si piensas que todo esto ya pasó: hay cosas que nos quedan en el disquete y vale la pena reflexionar.

Este libro nació en mi corazón cuando yo mismo era adolescente. Al estar saliendo de la adolescencia, me di cuenta que casi todos los adultos se habían olvidado de lo que les preocupaba, sentían o hacían en la adolescencia.

Le pedí incontables veces a Dios que me permitiera recordar, para poder hablar siempre 'de frente' sobre lo que les importa a los jóvenes.

No me metan en la bolsa es un libro absolutamente dedicado a ti. A través de él, intento ayudarte a que detectes y comprendas muchas cosas que pasan por tu cabeza y tu corazón. Cosas que parecen normales y no lo son, como asimismo cosas que suceden en tu casa, con tus amigos, donde estudias y en la misma iglesia.

Este libro no es la solución a tus problemas, es sólo mi súper mejorable intento de mostrarte algunas claves para que entiendas tu mundo más claramente.

Espero que pueda darte luz para encaminar tus pies por el emocionante camino que Dios te ponga por delante.

De espaldas

A mis 'espaldas' hay mucha gente. Son muchos los que ayudaron a que hoy puedas tener este libro en tus manos. En primer lugar quiero agradecer a todos los adolescentes que confiaron en mí durante estos años para recibir consejo. Muchos de ellos, aunque con nombres cambiados, se encuentran en estas páginas.

¿Qué haría sin mis amigos? Gimena Sánchez Arnau y su familia, por soportarme tantas horas de trabajo y tipeo cuando no tenía mi propia computadora. Mary Gallardo, por su trabajo de corrección. Alejandro Valdovinos, por ser el primero que me motivó a escribir, y además brindó su capacidad para todo lo que tuvo que ver con el trabajo de edición. Horacio Piccardo, por su aporte de ideas y Rubén Barchetta, por su inmejorable disposición.

Quiero agradecer a L.A.GR.AM (Liderazgo y Adolescencia, GRupo de AMigos), un ministerio lleno de alegría que me permitió formarme en el trabajo con adolescentes.

Gracias. Dios, te amo.

Lucas Leys, Buenos Aires, 2004

1.
No me metan en la bolsa

No *me haré* imagen, ni ninguna semejanza de lo que esté arriba en el cielo, ni abajo en la tierra, ni en las aguas debajo de la tierra. No *me inclinaré* a ellas, ni las *honraré*.

Éxodo 20.4–5

Una vez que estás adentro no hay salida. Te buscan, te hablan, te engañan y te meten. Ya estamos dentro de la bolsa: no intentemos espiar, no hay nada más allá. ¿Se puede salir? Si salimos, no existimos...

Todos, jóvenes y adultos, estamos capturados por una cultura. En nuestro caso, una cultura occidental capitalista. ¿Qué es esto? Es la sociedad de consumo: el 'quiero más', el 'no sé si es útil, pero lo necesito', el 'no tengo idea de por qué, pero debo ser así', el 'vestirme a la moda', el 'usar esta marca', el 'usar ciertas palabras porque otras suenan mal (cursi, ridículas, fuera de onda)'. El estar siempre a la altura de las circunstancias.

No hay edad para estar metido en la bolsa: para tus amigos, tal vez, se trate de estar calzados con zapatos marca 'x' (porque es lo que está de moda); para nuestros padres significará tener un auto nuevo (aunque el que tenían fuera excelente y funcionara muy bien). Todo esto es parte de su majestad EL SISTEMA: la forma que eligió el diablo en estos últimos tiempos para dominar el inconsciente de la humanidad.

Cuando los grandes empresarios intentan vender su producto recurren a la publicidad. Los publicistas buscan la forma de convencernos de que debemos comprar algo, aunque no lo necesitemos para nada. Tienes diez *jeans* en el armario, pero ahora hay uno con el bolsillo en la rodilla y cremallera al costado (es el que usa Kurt el rockero o Jazmín, la protagonista de la novela) y ya 'se te metió' la idea de comprarlo. Comienzas a suplicarle a tu madre: 'Lo quiero, cómpramelo, lo necesito…', y como parecería que ese *jean* 'le dará sentido a tu vida', ella te lo compra. Ninguno de los dos se detuvo a pensar en los que tienen un solo *jean*, todo roto, y no tienen dinero para uno nuevo.

Pero la bolsa no sólo nos atrapa con la moda. La idea mundana de éxito, la necesidad de ser alguien en la vida, y el culto a la imagen personal, tienen un efecto demoledor en el inconsciente de la humanidad.

El mundo de los delgados

Enciendes el televisor…, comienzan las publicidades, y una jovencita que parece un espagueti en bikini dice con tono esnob: *'Oh, estoy gordísima. ¡¿Qué haré este verano?!'* Corres hacia el espejo, te levantas la camiseta, y empiezas a tocarte el abdomen… y descubres que, en comparación con la modelo publicitaria, ¡pareces Mobby Dick!

Conocí muchas jovencitas hermosas, algunas de ellas realmente dignas de cualquier concurso de belleza, que sufrían de bulimia o de anorexia. Me parecía imposible que cualquiera de ellas tuviese que estar pasando por esas terribles enfermedades por considerarse gordas y feas.

En Argentina, una encuesta a 39.686 adolescentes dio como resultado que el 24% de los entrevistados tenían desórdenes alimenticios, y que el 7% tenía enfermedad declarada.[1] La bulimia y la anorexia están separadas por un delgado límite. Estos son algunos de los síntomas más comunes: preocupación por la comida, obsesivo conteo de calorías, el abuso de edulcorantes, uso exagerado de laxantes y medicamentos para adelgazar, y todo tipo de prácticas extrañas con el fin de estar más delgados y delgadas. El bulímico come compulsivamente, a escondidas, y después se provoca vómitos. El anoréxico, en cambio, recurre a dietas severas como las que hubiese hecho un asceta del siglo IV enclaustrado en un monasterio de Egipto, y llega hasta el extremo de no comer. Conocí a un chico de quince años, buen mozo y excelente futbolista, que después de una mínima comida tomaba té bien caliente, casi hirviendo, para que quemara todas las calorías que había ingerido. (¡No te vayas en *skate* a practicar esta idea! Si esto pasó por tu cabeza, en el nombre de Jesús que él te libere de ese espíritu.)

El culto a la imagen

¿Alabar imágenes? ¡Dios me libre, es pecado! Me refiero a la autoimagen: la imagen que tenemos de nosotros mismos. Cómo nos vemos y cómo nos ven otros; cuál es el impacto que causamos en los demás.

El culto a la imagen es una de las religiones más antiguas de la humanidad. Ser vistos, reconocidos, admirados y recordados. Durante toda la historia de la humanidad, siempre fue más importante lo exterior que lo interior.

Los hombres y las mujeres no pueden cambiar su interior por sí mismos; están deteriorados a causa del pecado y no pueden resolverlo solos. Intentan transformar su exterior (tal vez haciendo un gran sacrificio, llegando al extremo de la propia muerte) por amor a esa imagen que quieren fabricar, por amor a esa fachada que quieren dejar marcada en forma imborrable en los ojos de sus semejantes. Pero a diferencia de siglos anteriores, hoy esta religión hace 'campañas', y llega a millones de seguidores. ¿Cómo? Los medios masivos de comunicación abren canales conscientes e inconscientes donde publicitan este 'evangelio' del sistema.

No hay revista que no tenga dietas ¡hasta de cómo adelgazar sin dejar de comer! Las modelos parecen alambres con ropa, y cada vez son más jóvenes (las mujeres mayores terminan vistiéndose como Alicia en el País de las Maravillas para no parecer 'viejas'). Casi no hay revistas populares, o especializadas en moda, para hombres y mujeres gordos.

La belleza física parece ser el dios actual, y nos tiene atentos al próximo culto de adoración llamado 'desfile de moda', en el que los altos y fornidos sacerdotes y las delgadas y ágiles sacerdotisas sutilmente nos impondrán, como deseo enfermizo, el modelo a seguir. Ellos o ellas parecen los ideales de hombre y mujer, 'la raza perfecta'. ¿Cómo lograr ese perfil cautivador, seductor, varonil y hercúleo, o cómo lograr esa silueta de Cenicienta? Muy fácil: haga la dieta del arroz diario, 40 saltos de rana, consulte su horóscopo chino, todas las mañanas camine cinco kilómetros marcha atrás, tome yogur descremado y defienda a los pingüinos. Tanto hombres como mujeres quedan cautivados por ese 'evangelio'. ¿En qué locura nos quieren meter? O, mejor dicho, ¿no estamos ya metidos?

Una vez que la parte física cautivó los ojos de los adoradores, la vestimenta que usan los sacerdotes o sacerdotisas pasa a ser la correcta. *'¿Quieres ser como ellos? Vístete como ellos. ¿Quieres ser exitoso como ellos? Fuma la marca de cigarrillos que ellos fuman'.*

Un 'evangelio' muy simple, pero la publicidad sabe que es muy efectivo.

Una de pavos

Una vez, un chileno que recorría la cordillera de los Andes encontró entre las rocas de las cumbres un extraño huevo. Era demasiado grande para ser de gallina y demasiado chico para ser de ñandú.

Se lo llevó, y cuando llegó a su casa se lo entregó a su esposa. Esta, aprovechando que tenía una pava empollando, lo metió en el nido junto a los otros huevos.

Para cuando empezaron a romper los otros cascarones, también lo hizo el del pichón del huevo de las cumbres. Resultó un animal no del todo parecido al resto. Pero, como estaba ahí, la pava lo crió. Era nada menos que un pichón de cóndor; como dicen los quechuas, un 'quntur'.

Como este condorcito no tenía de dónde aprender otras cosas, comenzó a imitar lo que veía en sus 'hermanitos', los pavitos. Piaba como los otros pavitos, caminaba como los otros pavitos, y seguía a mamá pava en busca de gusanos, semillas y desperdicios. Escarbaba la tierra, a los saltos trataba de robar frutas de los árboles, y de noche se subía a las ramas bajas porque le temía a las comadrejas. En fin, vivía haciendo lo que les veía hacer a los demás pavos. Podríamos decir que el cóndor vivía como un pavo, o haciendo 'pavadas'.

A veces el cóndor se sentía un poco raro, sobre todo cuando estaba solo y se ponía a pensar; sabía que había cosas que no encajaban. No ocurrían a menudo esos momentos de soledad, porque los pavos no soportan la soledad, ni entienden que otros se dediquen a ella, así que no tenía este joven cóndor mucho tiempo para reflexionar, o tal vez reestructurar su vida. El pavo es de andar en bandadas, sacando pecho para impresionar, abriendo las alas y arrastrando la cola. (No fuma porque no tiene manos; si no, seguro que lo haría.) Cualquier pavo que se aparte de la bandada es prevenido con una sonora burla. Una cosa curiosa de estos 'pajarotes' es que a pesar de ser aves y tener alas, no vuelan.

Un día de cielo claro, nuestro joven cóndor se apartó por un momento de los otros pavos. Levantó sus ojos al cielo y quedó sorprendido al ver unas extrañas aves que volaban en el horizonte. Majestuosamente, casi sin batir las alas, ellas dominaban las alturas. El joven cóndor sintió un sacudón en su interior. La adrenalina comenzaba a fluir más aprisa, algo profundo en su ser comenzaba a latir y a remover sus fibras más íntimas. Sus ojos, acostumbrados a mirar hacia abajo en busca de gusanos, no llegaban a interpretar lo que sucedía en el cielo. Estaba confundido. *'¿Por qué? ¿Por qué no puedo volar como ellos?'* era la duda de su corazón, que burbujeaba como nunca. *'Si soy como ellos. Con alas, cola y plumas como ellos, ¿por qué no puedo volar como ellos?'*

¡Quiero volar!

En ese momento, se le acercó una de las pavas. Le preguntó que estaba haciendo con esa extraña actitud de 'mirar hacia arriba' (nosotros diríamos que 'no estaba en la onda'). '¡Yo quiero volar como ellos!', le dijo con lágrimas en los ojos. Pero la pava se le rió en la cara y le contestó: *'¡Eres un romántico, un idealista! Tú eres un pavo, nada más que eso; eres uno de los nuestros. Nosotros actuamos diferente. Deja ya las tonterías y los sueños. Deberías ser realista. Ven con nosotros, que hemos encontrado mucha fruta y esos gusanos que tanto te gustan.'*

Desorientado y desilusionado, el pobre condorcito se dejó quitar el sueño y volvió con los otros pavos, a hacer 'pavadas'.

El cóndor nunca descubrió su identidad, llegó a viejo en aquel corralón, y murió en la pavada.[2]

Así caen muchos adolescentes en la bolsa del sistema: nos tiene confundidos y apresados buscando fruta, siguiendo la moda, el status, el dinero y la popularidad, y dando saltitos para robarle un poco de felicidad a la vida, aunque tenemos alas para volar hacia el gozo completo a través de los cielos del Señor. Se dice que la adolescencia es la edad del pavo. Yo no estoy de acuerdo. Creo que es la edad del cóndor. Es el tiempo en que puedes mirar hacia arriba, e identificarte con quien te debes identificar. La adolescencia es el tiempo en que puedes comenzar a volar sobre casi todas las cosas, para después elegir dónde definitivamente vas a anidar. Es el tiempo de animarte y comenzar a batir las alas, remontar vuelo y salir de la pavada. No permitas que venga una pava y te convenza diciéndote: *'Eh, chico, ¿qué es esto de batir las alas? ¿Qué nueva onda es?'* Dile: *'Es la onda cóndor, a la que pertenezco. Adiós, me marcho de la pavada'.* ¿Qué es esto sino lo que decía Pablo en Romanos 12.2: *'No os conforméis a este siglo, sino transformaos ...'?*

Dios tiene algo más para nosotros que un simple corral. Dios nos planeó para las cumbres. Es cierto que es cuestión de tiempo y de crecimiento. Pero es también cuestión de sabias decisiones, de decirle *'No, basta, adiós'* al entorno, y de identificarnos con quien debemos identificarnos: Jesús.

La iglesia, ¿una bolsa?

Con este título me estoy arriesgando mucho. ¿Puede ser la iglesia una bolsa? Lamentablemente, sí. A muchos líderes les parecerá que lo que digo es ridículo, y que, más que algo edificador, esta idea no hace otra cosa que animar a la rebeldía. Esto último puede ser cierto, pero lo importante es aclarar: ¿rebeldía contra qué? Rebeldía contra una religión basada en la costumbre, en la idea de sentirse exclusivos y en la falta de amor, es lo que caracterizó a Jesús. Jesucristo no vino a imponer una religión o a adoptar rigurosas técnicas legalistas.[3] Por el contrario, se opuso a ellas (Lucas 11.37-52). Lo que él vino a hacer fue una nueva creación de cada uno y en cada uno de nosotros.

A veces, la iglesia (estoy hablando de iglesias locales) se convierte en una suma de actividades: reunión de jóvenes, reunión para organizar la reunión de jóvenes, reunión para organizarnos para organizar la reunión... Y cuando finalmente llega la ocasión, siempre es lo mismo, y terminamos pensando que lo único que hacen los líderes es elegir el tema, quién predica, dónde y a qué hora. No podemos conformarnos a que la iglesia sea sólo religión. Hay cosas que deben estar en las bases: amistad, comunión, desafío y unanimidad. Que estas cosas puedan darse también es responsabilidad nuestra, y no sólo de los líderes. Si no, terminamos *concurriendo* a la iglesia y no *siendo* la iglesia. La iglesia no puede ser una bolsa cultural en la que estemos metidos; la iglesia debe ser una vivencia. De lo contrario, comienzan los programas de entretenimiento para 'nietos de Dios'. Recitales de evangelización a los que sólo los evangélicos van, reuniones de jóvenes a las que sólo iría un inconverso si tuviese una pistola en la nuca, campañas en las que escuchamos que hay que evangelizar, orar, alabar, etc., después de las cuales casi nadie lo hace... ¿Qué pasó? A la iglesia la metieron en la bolsa de hacer programas, actividades y cursos. El famoso esquema de 'los tres pasos fáciles para...', en el que al final sigue sin pasar nada... ¿Por qué?

En muchas de las iglesias locales en las que me han invitado a predicar me han sugerido hablar del compromiso. ¿Por qué tan pocos se comprometen? Salvo algún que otro hijo pródigo, la mayoría (gracias a Dios no en todas las iglesias) nunca tuvo una experiencia fuerte de conversión. Un día haces la oración de fe, después pasa el primer enamoramiento, y con el tiempo te sumas a lo que yo llamo 'el club de miembros mediocres de la iglesia'. Si este es tu caso, tengo algo para decirte: El cristianismo no es hacer o dejar de hacer; el cristianismo es *ser*. Y ha llegado el momento de que seas lo que Dios quiere que seas.

Dios dispuso como primer mandamiento:

> Amarás al Señor tu Dios con todo tu corazón, con toda tu alma, con toda tu mente y con todas tus fuerzas.   Marcos 12.30

Amar habla de una relación cercana y profunda, y esto es el centro del cristianismo; no importa todo lo demás que hagas. Caer en la bolsa de la iglesia es acomodarse a hacer cosas que, aunque buenas, no son producto y consecuencia del hecho de que estemos cerca, y bien cerca, de nuestro Dios. Alguien dijo que hay muchos convencidos, pero pocos convertidos. Uno puede ser sincero, pero puede estar sinceramente equivocado. Una iglesia llena de cristianos que viven cerca de Dios y que entienden que Dios los llamó a amarlo y que el resto no es sino consecuencia de esto, no es una iglesia que se encierra y se acomoda a ritos, costumbres o modas evangélicas. Por el contrario, una iglesia llena de cristianos que viven bien cerca de Dios es una iglesia que sale y tiene hambre de juntarse con todo tipo de personas, para compensar el rechazo que la sociedad tiene por los 'marginados de la bolsa', amándolos con el verdadero y genuino amor de Dios.

Santos: los no metidos en la bolsa

No estoy diciendo que tengamos que vestirnos como sacados de una película de la Edad Media, o que los bienes materiales no nos tengan que importar en absoluto. Mucho menos estoy diciendo que nos tengamos que convertir en Robin Hood de nuestra iglesia y sacar así a flechazos a todos.

Ser santos quiere decir estar separados, aparte, dedicados para Dios, 'fuera de la bolsa'. La verdadera santidad produce humildad. No se trata de creernos 'los sabelotodo', y predicarle lo de la bolsa a cada uno con el que nos cruzamos. Extender nuestros horizontes, tener más visión de lo que otros tienen, reconocer e interpretar la realidad presente no nos hará mejores o superiores, sino más responsables.

> Dios nos escogió en Cristo desde antes de la creación del mundo, para que fuéramos santos y sin defecto en su presencia. Por su amor, nos había destinado a ser adoptados como hijos suyos por medio de Jesucristo, hacia el cual nos ordenó, según la determinación bondadosa de su voluntad.
>
> Efesios 1.4–5

Su voluntad debe ser el único camino por el que dirijamos nuestra vida, ya que ese es el propósito para el que nos eligió. Con respecto al mundo, debemos invitarlo a espiar 'afuera' de la bolsa, donde Dios está esperando para ser el centro de sus vidas. Dios quiere poner nuestros valores en el orden de importancia correcto.

Con respecto a la iglesia, nosotros, necesitamos tomar una decisión: podemos seguir siendo uno más, cómodos, y aún hacer muchas cosas 'para adentro', o podemos confrontarnos con el Dios Creador del universo, para que aumente nuestro amor hacia él y hacia nuestro prójimo. Armemos una 'inundación' de evangelio en nuestras casas, escuelas y donde quiera que vayamos.

La próxima vez que te mires al espejo, repítete: *'A mí, en la bolsa no me meten.'*

2. Completamente locos

No me avergüenzo del evangelio, porque es poder de Dios para mi salvación, porque en él creo. Romanos 1.16

¿Qué pensarías de alguien que comenzara a construir un trasatlántico en el desierto, o de un israelita que fuese a la capital de Irán a decirle a sus habitantes que se arrepientan de sus ataques terroristas? Locos, ¿no? Sin embargo, hubo ocasiones en que ciertas personas hicieron algo similar para cumplir una orden que habían recibido de Dios. Así fue que Noé construyó un barco en medio del desierto, y Jonás les fue a predicar acerca del arrepentimiento a los enemigos de su pueblo. ¿Una locura?

Escuchando a Dios

Nuestro grandioso Dios, al que en no pocas oportunidades tratamos de encerrar en el frasco de lo posible o en la lata de lo lógico, muchas veces nos pide cosas que se oponen totalmente a nuestras expectativas o a las que los demás tienen de nosotros.

Revisemos un poco algunas historias que tenemos en la Biblia:

Éxodo 13.17–14.18

Dios llamó a Moisés a rescatar a su pueblo de Egipto, y asoló esa tierra con las plagas. Los israelitas se dirigieron hacia el mar, y Moisés sabía que el faraón los podía seguir. También sabía que el camino que Dios le había trazado terminaba en un mar. Era una locura llevar a todas esas familias hacia allí. Las lanchas inflables todavía no existían, y el faraón venía por la retaguardia. Sin embargo, Moisés obedeció, y el mar se abrió. El pueblo de Israel cruzó a través de tierra seca, y el ejército egipcio quedó aprisionado por las aguas del Mar Rojo que se cerraron sobre ellos.

Génesis 22.1–17

A Abraham le había costado muchísimo tiempo tener ese hijo. (Dios mismo le había prometido que iba a tener a Isaac. Abraham y Sara ya eran ancianos, y a eso se le sumaba que ella era estéril, cuando Dios les dio la promesa de que iban a ser padres de una gran nación.) Y ahora, Dios mismo le pedía a su hijo. Abraham tenía que obedecer, y lo hizo: subió al monte de Moriah para ofrecer a su hijo en sacrificio. (Finalmente, Dios proveyó otra salida, pero esa es otra historia.) Ahora, si somos sinceros, a cualquiera que nos contara una historia similar le preguntaríamos por qué no pide una doble consulta con un psiquiatra.

La canción que más me gusta del grupo musical argentino Rescate es 'Hoy me levanto'. Habla de Gedeón, juez de Israel en el tiempo en que este pueblo era acosado por los madianitas, nación pagana que hacía que el pueblo de Dios se escondiese en cavernas. Gedeón tenía que enfrentarse a un ejército de 135.000 hombres con sólo 20.000. Oró a Dios y... ¿a que no saben qué le contestó? ¡Le dijo que eran muchos! ¿Qué hubiésemos pensado nosotros en el lugar de Gedeón? *'Esto sí que es una locura'*. Después de reducir el número a 1.000, Dios le dijo: *'No, todavía son muchos'*, hasta que quedaron sólo 300. Entonces Dios le dijo: *'¡Ahora sí!'*

Imaginemos a Gedeón y a los 300 hombres la noche anterior a la batalla: seguramente no pudieron dormir. Para aumentarles la fe, Dios le dijo a Gedeón que fuera a escuchar lo que estaban hablando en el campamento madianita. Resulta, que uno tuvo un sueño (que yo hubiera pensado que más que un sueño era una alucinación) que hizo que Gedeón, por escucharlo, declarara, antes de la batalla, que ya los tenían en sus manos (Jueces 7). Desde el punto de vista humano era una locura. Pero su confianza era tal, que no sólo iban a ganar sino que dieron por sobreentendido ese resultado desde antes. Al día siguiente, el poder de Dios se manifestó y… ¡qué gran victoria alcanzó Gedeón!

¿Estás loco?

Dios tiene planes maravillosos para nosotros, pero somos nosotros los que le cortamos la inspiración. Pensar que nuestros amigos se van a convertir, que las cosas en casa van a cambiar, que vamos a lograr esto o lo otro en la iglesia parece una locura. Es entonces cuando preferimos pisar el seguro pero mediocre terreno de la lógica.

Algunas veces se nos ocurren ideas que no sabemos cómo aparecieron. ¿De dónde vienen? De arriba. Lamentablemente, enseguida empezamos a analizar si conviene, si lo sentimos, si es posible, si esto, si lo otro… Ninguno de los hombres y mujeres de Dios que marcaron la historia cuestionó si era lógico lo que Dios le pedía. En ellos sólo hubo un pensamiento: *'Heme aquí, envíame a mí.'*

Tiempo de locos

Siempre fue una locura ser cristiano (1 Corintios 1.21), pero hoy parece serlo más que nunca. Si no, tratemos de explicarle a cualquiera en la calle que si alguna persona le pega, no tiene que darle una paliza sino poner la otra mejilla como dijo Jesús (Lucas 6.29) y hablarle del amor de Dios a quien le pegó. Ciertamente, no van a pasar dos minutos antes de que alguien sienta deseos de llamar a una ambulancia para que nos internen de urgencia. Asimismo, si decides que vas a esperar hasta casarte para tener relaciones sexuales, te pincharán con un alfiler para ver si eres real, y mucho más si tienes cara y hábitos de persona moderna y no de 'cristianoide del siglo pasado'.

Hablar de amar al enemigo, de perdonar, de que nuestro sí sea sí y nuestro no sea no, de esperar a un Cristo que nos va a venir a buscar, hablar de un Dios con el que nos relacionamos cada día, soñar con más logros espirituales que materiales, preocuparnos por los demás sin esperar nada a cambio, etc., etc., es realmente una locura.

En contra de la corriente

Una forma de evaluar nuestro compromiso con el Señor es ver si causamos asombro a los que nos rodean. A nuestros compañeros de escuela, a los chicos del club, a nuestros amigos de la iglesia, y, por qué no, a los líderes. Al respecto, hay que tener en cuenta una cosa: ellos no tienen un contrato de exclusividad con el Señor para recibir visiones. Anímate a contarles tus propias expectativas, las locuras que piensas que se pueden lograr. Los líderes necesitamos de ustedes.

Te lo digo por experiencia. Muchas veces me pasó que los que me rodeaban pensaban que lo que yo estaba buscando era una locura. Tuve que aferrarme a lo que el Señor me había dicho, y las cosas realmente más inesperadas ocurrieron. Más de una vez me encontré dando por sentado que algo iba a ocurrir y, cuando pasó, me di cuenta de que había actuado como un 'loco', y por eso Dios me había contestado.

Recuerdo la noche anterior al primer Festival Cristiano del Estudiante que iba a realizarse al aire libre en el sur de Buenos Aires, en un parque en la localidad de Máximo Paz. Había asistido a un casamiento, y en cualquier momento estallaría un temporal, lo que significaría tener que suspender el festival (con el consecuente resultado de perder mucho dinero, además del desconsuelo).

>Locos por Dios.

Varios hermanos de la iglesia ya me consolaban por la suspensión (muchos con la sonrisa típica que nos parece que nos ponen cuando algo no nos sale), y yo les contestaba que estaba todo bajo control y que, de todos modos, se iba a hacer. Sinceramente, estaba asustado; pero dentro de mí algo me llevaba a contestar así. Cerca de la iglesia de la cual era miembro hay un puente peatonal y fui allí, con una amiga que me había animado mucho. Oramos, debajo de la lluvia, y en ese lugar tan ridículo sentí una paz desbordante que me tranquilizó.

Llovió hasta la mañana siguiente. Esa madrugada, el teléfono no paró de sonar: gente de todos lados llamaba para preguntar qué pasaría, y yo les prometía que el festival se haría. A las nueve de la mañana el sol salió, y miles de adolescentes llenaron el festival. Esa noche, llovió otra vez. Dios había cumplido la palabra que él me había dado.

¿Cuál es el tamaño de nuestro Dios? ¿Chiquito, mediano, o tenemos un Dios de lo imposible que nos da la suficiente fuerza para que hagamos todo lo posible, y entonces, encargarse él del resto?

Dios está esperando hijos osados que se animen a luchar, a ser distintos, y a soñar con cosas maravillosas y ocultas que tiene reservadas para los que confían en él.

Protagonistas

Un comediante dijo una vez: 'Hay tres tipos de personas en el mundo. Los que hacen que sucedan las cosas, los que miran como las cosas pasan, y los que, sin acercarse mucho, tratan de imaginarse cómo ocurrieron.'[4]

Estoy convencido de que la vida cristiana sólo puede vivirse como protagonista. No podemos pasar nuestra vida sosteniéndonos en lo que vivieron Moisés, Jonás o Pedro. Ellos dieron las bases, dejaron su ejemplo y su inspiración, pero es hora de vivir nuestra propia historia al lado de Dios. ¿Acaso nunca te sucedió que escuchas oraciones o agradecimientos por cosas que le sucedieron a otros y piensas *'Qué maravilla, pero ¿por qué a mí nunca me pasa nada así?'*? Aunque la vida eterna en el cielo fue un regalo de Jesús en la cruz, la vida plena acá, en la tierra, tiene un precio:

> Si alguno quiere venir en pos de mí,
> niéguese a sí mismo, tome su cruz, y sígame.
>
> Mateo 16.24

Es fácil arrodillarse con superficial humildad, y orar: *'Señor, te dedico el 101% de mi vida a ti.'* Lo difícil es no bajarse de la cruz cada vez que las cosas se vuelven serias y tienes que arriesgarte por tus valores cristianos. A Jesús le gritaban: *'¡Bájate de la cruz! ¡A otros salvaste, sálvate a ti mismo!'* Por otro lado, su cuerpo gritaba: *'¡Me duele! ¡Me duele!'*

Pero Jesús no se bajó.

La presión de ser distintos nos grita que nos bajemos de la cruz, que no seamos 'locos', que la vida cristiana es una anormalidad... Y lo más emocionante es que sí lo es: la anormalidad más santa, impresionante y realizadora que pueda existir acá en la tierra. Moody, un predicador incansable, decía:

> La convicción de cada creyente no debería ser solamente 'Dios puede', sino *'Dios quiere usarme'*; entréguense y pertenezcan totalmente a Cristo. ¡Que sus mentes y corazones ardan para él. Y estén listos para emplear cada oportunidad en su servicio![5]

Nos conoce

Un amigo es alguien que nos conoce muy bien, que sabe bien qué es lo que podemos dar, a veces mejor que nosotros mismos. Dios, nuestro creador y nuestro amigo, sabe de toda la fuerza que hay en nosotros y está esperando que nos arriesguemos por él.

> Señor, tú me has examinado y me conoces;
> tú conoces todas mis acciones; aun de lejos
> te das cuenta de lo que pienso. Sabes todas
> mis andanzas, ¡sabes todo lo que hago!
> Aún no tengo la palabra en la lengua, y tú,
> Señor, ya la conoces. Por todos lados me has
> rodeado; tienes puesta tu mano sobre mí.
>
> Salmo 139.1–5

La mano de Dios está sobre ti.

Espero que este libro te ayude a enloquecer de amor por Dios. Si crees que es posible, continúa leyendo; si no, dáselo a alguien que crea.

3. Y a mí, ¿quién me quiere?

De tal manera *me* amó Dios, que ha dado a su Hijo unigénito, para que si *creo* en él no *me* pierda, sino que tenga vida eterna.

Juan 3.16

Todos, en alguna oportunidad, pasamos por la triste situación de no sentirnos aceptados.

Carolina tenía muchas razones para sentirse así. La principal: sentía que su madre la culpaba a ella, porque su padre las había dejado cuando ella nació. Desde pequeña, Carolina creía que estaba simplemente de más. Este pensamiento hizo que en su adolescencia no pudiera aceptarse a sí misma, y, como consecuencia, después entrara en una tormenta de discusiones con su madre.

Cuando comienzas la escuela secundaria, o cuando se acerca el fin de este ciclo, es muy probable que te detengas a pensar en tus posibilidades, y que empieces a observar más detenidamente cómo es tu familia, tu situación económica, los granitos o las imperfecciones de tu cara. Quizás te parezca que nadie se imagina o que a nadie le interesa tu preocupación por todas estas cosas. Pero hay alguien, además de Dios y de vos mismo, al que todo eso sí le importa: Satanás.

Las mentiras de Satanás

La Biblia nos dice que Satanás es un mentiroso (Juan 8.44), que le agrada acusarnos (Apocalipsis 12.10), y que una de sus estrategias es cegarnos (2 Corintios 4.4).

A lo largo de los años pude ver cómo una autoestima deficiente destruía a muchísimos de los adolescentes que me rodeaban. David Seamands hace notar por lo menos tres cosas que Satanás intenta hacer con una autoestima deficiente:[6]

1. Paraliza tu potencial

Seguramente conoces jóvenes que lo tienen todo, pero parecería que eso no los ayuda. Algo los detiene. En Mateo 25 se encuentra la parábola de los talentos: uno recibió cinco y los multiplicó, otro dos y los multiplicó, y el tercero recibió uno y lo escondió. Seguro que el último se quedó mirando a los otros que habían recibido más. Hizo exactamente lo que el diablo quiere que hagamos con nuestro potencial: *nada*.

Son muchos los adolescentes que se quedan paralizados por miedo a no tener dones tan espectaculares como los de algún otro, o por pensar que ellos, en su situación, no son dignos de servir al Señor. Esto no sucede solamente en el ambiente de la iglesia; muchos tampoco se creen lo suficientemente capacitados como para progresar en la sociedad.

2. Destruye tus sueños

Dice Proverbios 29.18: *'Donde no hay visión, el pueblo perece.'* Dios tuvo un sueño osado para su pueblo. Leemos en Números 13 y 14 la historia de los espías que incursionaron en la tierra prometida, entre los que estaban Josué y Caleb.

Dios les había prometido a los israelitas una tierra de la que fluía leche y miel, y allí estaba, ante su vista. Moisés envió a los mejores jóvenes del pueblo, seguramente a los más fornidos. Imaginémoslos: tostados, pelo largo, corpulentos. Quizás hoy serían todos modelos publicitarios de alguna marca de *jeans*.

Si nos detenemos en el versículo 13.33, veremos que cuando estos 'súpermachos', vieron que las ciudades estaban fortificadas y que los que allí vivían eran muy grandotes, se sintieron como langostas.

Sin embargo, los que dieron la nota en Números 14.9 fueron Josué y Caleb, que habían visto lo mismo. Ellos dijeron que el pueblo de Israel comería como pan a los gigantones. ¿Por qué? ¿Acaso no habían visto lo mismo? No. Porque ellos, en lugar de compararse con lo que estaban viendo y ver las realidades humanas, recordaron que Dios mismo les había prometido esa tierra.

Dios tiene muchas promesas y muchos sueños grandes para tu vida. No seas vos el que le tira un baldazo de agua fría. No dejes que Satanás te ciegue.

3. Destruye tus relaciones

Cristo nos mandó a amar a nuestro prójimo como a nosotros mismos (Lucas 10.27). Si no nos amamos a nosotros mismos, menos podremos amar a los demás. La frase 'amarnos a nosotros mismos' ha sido interpretada por algunos como egocéntrica. Pero fíjate que esto es tan importante para Dios que Gálatas 5.14 dice:

> Porque toda la Ley en esta sola palabra
> se cumple: Amarás a tu prójimo como
> a ti mismo.

Cuando amamos al prójimo como a nosotros mismos cumplimos con todo el resto de la ley.

No se puede amar al prójimo en forma incondicional cuando uno tiene que andar ocupado demostrando por todos lados el valor personal; esto sí es egocentrismo. Cuando concentramos nuestros esfuerzos en exaltar nuestro valor, capacidad o talentos personales (*yo* puedo más, yo soy el mejor) o, por el contrario, nos rebajamos (*yo* puedo menos, *yo* soy peor), y pensamos sólo con el *yo* adelante, entonces hemos fracasado.

Recuerdo el caso de una compañera del colegio a la que le hablé del Señor. Al comenzar a venir a la iglesia, me dijo *'¡Qué lindo! Todos sonríen, se saludan; parece que estuviera todo bien.'* No estaba todo bien; tenemos debilidades y nos pasan cosas feas como a cualquier otra persona. Pero lo cierto es que tenemos una alegría que el mundo no tiene. Lamentablemente, muchas veces se nos enseña que no es así, que al cristiano le tiene que ir bien en todo, y como internamente sabemos que eso no pasa, nos sentimos mal. Ah, pero eso sí, el domingo, a ponerse la sonrisa y a repetir el: *'Todo bien, ¿y a ustedes?'*

Cuando nos amamos egocéntricamente, nos aislamos y caemos en las relaciones superficiales de fin de semana. Si alguien confiesa una debilidad, saltamos con la fórmula mágica: *'Ore, estudie la Palabra, léase estas citas, tenga más fe...'* Esto no es más que una cobertura para no exteriorizar nuestras propias debilidades. Amarse a uno mismo también significa 'entenderse' uno mismo, para así poder entender a los demás.

Las frases hechas son una de las mayores pestes que sufrimos los cristianos. Con estas hemos cortado por completo el acercarnos a los problemas de los otros. Es cierto lo de orar y leer la Palabra. Pero, cuando nos abandonamos en las manos del Señor, aprendemos que nuestra oreja —simplemente escuchar— es lo que más alienta a quienes nos cuentan que no se sienten bien. Pero ¿cómo vamos a poder tener relaciones donde compartir tanto, si sólo pensamos en nosotros mismos?

¿Humildes?

Dice la Biblia que somos todos miembros de un solo cuerpo (1 Corintios 10.17). Sin embargo, recién cuando entendemos nuestro valor como miembros logramos entender el valor que tiene el otro, para así juntos conformar el cuerpo de Cristo.

Muchos cristianos creen que una actitud de desprecio hacia uno mismo es agradable a Dios, y confunden esto con humildad.[7] No es humilde quien decide que no es apto para servir en la obra a la que Dios lo ha llamado. Humilde es aquel que se somete sin objeciones y sin orgullo a los planes e ideas que tiene Dios para él.

> **Ser humildes es reconocernos valiosos para Dios.**

Cuando el apóstol Pablo escribió: 'Antes bien, con humildad, estimando cada uno a los demás como superiores a él mismo' (Filipenses 2.3), no quiso decirte que el resto de la humanidad es mejor y está más aventajada que vos. Pablo venía hablando del amor y del servicio, por lo que recomendaba considerar (tratar) a los demás mejor de lo que lo harías contigo mismo. No estaba hablando de jerarquías ni de puntajes. Él quería animarnos a comportarnos en forma tal que seamos de ayuda a los que nos rodean, para que estos se sientan mejor de lo que normalmente se sienten. Obviamente, no al extremo de que se crean los mejores de la galaxia. Hay que buscar, en todo, el balance adecuado.

Miles de veces escuchamos que cuando se felicita a alguien por lo que cantó o predicó, contesta *'¡Gloria a Dios!'*, o algo parecido, mientras, muy probablemente, por dentro piensa: *'¡Qué grande soy! ¡Hoy ya van tres felicitaciones!'* En el otro extremo, están los que tienen pánico de reconocerse usados por el Señor, y dicen la frasecita realmente en serio. La humildad no se demuestra con una frasecita del tipo *'¡Gloria a Dios!'* (no hay ninguna obligación de decirla). Es más, no es una cosa para andar demostrando.

Humildad es reconocer de dónde salimos (del pecado), saber quién nos sacó (Dios), recordar siempre que no tenemos ningún mérito por eso, estar bien seguros de que Dios nos ama y tiene un plan asombroso para nuestra vida, y procurar que la gloria final sea para él.

Valiosos para Dios

Sin ninguna duda, Dios nos ama y nos considera valiosos. Entonces, me pregunto:

1. ¿Qué derecho tenemos de rebajar a quien Dios ama?

Algunos me han dicho: *'Yo sé que Dios me ama, pero yo no me aguanto.'* Esto es un insulto a Dios. Si la creación no sirve, significa que el Creador la hizo mal. Y, lo que es peor, entonces Dios dio a su Hijo por algo que no sirve y que no puede llegar a nada.

> Pero Dios muestra su amor para con
> nosotros, en que siendo aún pecadores,
> Cristo murió por nosotros.   Romanos 5.8

Jesucristo pasó sus tres años de ministerio diciéndole a cada uno de los que se encontraba en su camino, a veces sin palabras, que eran valiosos para él. Al compartir una charla con una mujer de mala vida, le expresó: *'Eres valiosa para mí.'* Además, ella era samaritana (los judíos no veían bien el hablarle a una mujer desconocida, y mucho menos si era samaritana). También consideró valiosos y amados a todos los paralíticos, a los que hizo caminar y a los ciegos, que hizo ver (Mateo 9.27; Marcos 2.1–11). La lepra, en aquellos días, era como el SIDA en la actualidad, o peor, ya que los que la padecían eran maltratados y marginados a tal punto que eran separados de sus familias, y se quedaban sin nada y lejos de todo contacto social. A Jesús no le importó. Se acercó, los amó, los tocó y los curó (Lucas 5.12–15).

Jesús nos amó con su vida; pero aun más, demostró su amor por nosotros con su muerte.

¿Somos conscientes de que Jesús fue el 'costo' que Dios tuvo que pagar para que nosotros tengamos vida plena? Nuestra deuda por el pecado ya no existe. Jesús fue el 'cheque' divino que pagó nuestra fianza.

2. ¿Qué derecho tenemos de rebajar a quien Dios ha honrado?

> Mirad cuál amor nos ha dado el Padre,
> para que seamos llamados hijos de Dios.
>   1 Juan 3.1

Dios nos llama 'sus hijos'. Ser hijos de Dios es la honra más grande que existe en la galaxia, sin dudas superior a cualquiera que puedan dar los hombres por medio de los títulos, las posesiones o los apellidos famosos. Una vez, un joven que quería agradar a mi madre cuando era soltera, le contaba acerca de su padre y de lo importante que su apellido era. Mientras el joven hablaba, ella pensaba en cómo era su propio padre y en lo poco 'presentable' que le parecía. Cuando le tocó hablar a mi mamá, ella pensó que, al fin y al cabo, su Padre era mucho más importante que el del joven, porque su Padre era dueño hasta del aire. Ella era una hija de Dios.

3. ¿Cómo podemos poner de lado a alguien con quien Dios tiene tan bellos planes?

> Según nos escogió en él antes de la fundación del mundo, para que fuéramos santos y sin mancha delante de él ... *alumbrando* los ojos de vuestro entendimiento, para que *sepamos* cuál es la esperanza a que él os ha llamado, cuáles las riquezas de la gloria de su herencia en los santos.
>
> Efesios 1.4, 18

Dios diseñó un plan espectacular para nuestra vida. Si él lo preparó, ¿no es lógico pensar que él seguramente nos dio los elementos para poder cumplirlo?

Costó lágrimas para que Carolina pudiera aceptarse a sí misma y a su madre. Tuvimos muchas charlas para ayudarla a entender el plan de Dios para su vida. El Señor me permitió tratar también con su madre, y comprobar que ese había sido un sentimiento del pasado; ahora amaba a Carolina, y estaba dispuesta a hacerle entender lo valiosa que era para ella. Dios lo cambia todo…

La verdad vence a la mentira

Jesús, el Hijo de Dios, es la verdad y él ya venció a Satanás. Entonces:

1. No dejemos que el diablo nos mienta

Dios tiene grandes planes para nuestras vidas, y no puede ser de otra manera. Él es un Dios grande, tanto que 'hasta el viento y el mar le obedecen' (Marcos 4.41).

2. No dejemos que el diablo nos acuse

Dios sabe cómo y dónde has nacido. Dios sabe en qué forma te criaste. Tú no tienes la culpa. Además, a él nunca le importaron esos detalles. Dios eligió todo tipo de hombres y mujeres para hacer su obra: pescadores, pastorcitos, una adolescente (María, para concebir a Jesús), y tantos otros que nosotros mismos no hubiéramos elegido nunca.

> Te llamé y te dije:
> Mi siervo eres tú; te escogí y no te deseché.
> No temas, porque yo estoy contigo;
> no desmayes, porque yo soy tu Dios.
> Isaías 41.9–10

3. No dejemos que el diablo nos ciegue

Dentro de cada uno de nosotros habita una persona cuya comprensión va más allá de nuestro entendimiento natural. Él tiene para nosotros sueños, planes y virtudes inimaginables. Es el Espíritu Santo de Dios, que quiere llenar nuestras vidas y hacernos eficientes en todas las áreas, y potenciarnos, además, para cumplir cada demanda que Dios nos hace.

Dios se deleita conmigo

Cuando el apóstol Pablo habla de nuestra posición en Cristo, dice que nosotros somos 'aceptos en el Amado' (Efesios 1.6).

¿Cuáles fueron las palabras que Dios el Padre pronunció cuando Jesús fue bautizado por Juan el Bautista?

> Este es mi Hijo amado, en quien tengo complacencia. Mateo 3.17

En todas sus cartas, el apóstol Pablo repite incansablemente el concepto *'estamos en Cristo'*. Si estamos, pues, 'en Cristo', estamos en el Amado, de modo que Dios nos ve en Cristo, y dice de nosotros: *'Eres mi hijo querido, eres mi hija querida, en quien me complazco'*. Repite, entonces, en voz alta y con confianza, el título de esta sección: **Dios se deleita conmigo**. Amén. Dios lo hace porque te ve a través de Jesucristo. ¿Revolucionario? ¿Difícil de creer? ¡Sí, pero también real!

Hay mucho por soñar: una vocación, una familia, un hogar… Eres un elegido de Dios, por lo tanto, sueña en grande y él hará prodigios.

La promesa:

> Después de esto derramaré mi espíritu sobre todo ser humano, y profetizarán vuestros hijos y vuestras hijas; vuestros ancianos soñarán sueños, y vuestros jóvenes verán visiones. … Haré prodigios en el cielo y en la tierra. Joel 2.28, 30

4.
Los cazadores de la independencia perdida

Si *permanezco* en *su* Palabra, *seré* verdaderamente *su discípulo*; y *conoceré* la verdad, y la verdad *me hará* libre.

Juan 8.31–32

No hay nada que, a diario, preocupe más a los adolescentes que sentir y tener que demostrar que son independientes. Este tema lo conocemos tan bien que *'¿A qué hora regresas?'*, *'¿A dónde vas?'*, o *'¿Puedo ir a…?'*, *'¿Puedo hacer…?'* son estructuras gramaticales que quisiéramos borrar del castellano. Cuando te las dirigen, o cuando te ves obligado a formularlas, ¿no te dan ganas de ponerte la bufanda, hacer las valijas y volar a Alaska?

Escuché a muchos jóvenes decir: *¡Qué bueno sería poder mostrarle a mis amigos que yo soy quien toma las decisiones: adónde voy, con quién estoy, y qué hago!*

Dando la cara

Seguramente, eres de aquellos que no se quieren perder ninguna salida, y estás siempre atento, como gato en perrera, para ver qué podrías hacer el fin de semana.

Pero una y otra vez te encuentras con que a tus amigos les debes dar un 'no' por respuesta. Las razones: las de siempre. El dinero, la insistencia de tus padres en que algún fin de semana te quedes en casa (cuando en realidad la última vez que saliste fue el mes pasado), el que cuando ven a los amigos con los que piensas salir imaginan que son todos unos drogadictos, el típico e infaltable *'¡Esto no es un hotel!'* cuando saliste en la semana y quieres volver a salir el sábado, y tantas otras razones, que no suelen ser muy creativas.

La cosa no termina ahí. No todos se animan a decir, con cara de mártir, el famoso: *'No, porque tengo que ir a la iglesia.'* Ahora, si estás en día de creatividad, es tiempo de excusas: *'No puedo, porque es el cumpleaños de mi tía', 'Iría encantado, pero mi perro tuvo cría con el gato', 'Tengo una boda',* y tantas otras como se te ocurran.

Un adolescente comentó que no sólo son un problema los *no*. Cuando llueve un prometedor *sí* a la ocasión, lo precede un largo sermón de precauciones (ese que ya conoces de memoria) que, aunque con variaciones, siempre dice algo así: Cuidado con... fíjate que... no vayas a... si te dicen... ni se te ocurra... no hagas... cuídate de... y no vengas tarde.

El mal trago no termina ahí, decía. *'Cuando vuelvo, es un interrogatorio policial, propio del servicio antinarcóticos: ¿Dónde...?, ¿cuándo...?, ¿cuánto...?, ¿con quién...?, ¿qué...?, ¿para qué...?, ¿por qué...? Y debo aguantar en la silla del acusado.'*

Perseguido

Hace algunos años tenía un amigo al que su madre perseguía todo el día (¡te aseguro que era más pesada que el sargento García persiguiendo al Zorro!). Por eso, él decidió armar una revolución en su casa, cercar a su madre y declarar la independencia. No había cosa que su madre pidiera, sugiriera o preguntara que no tuviera un grito de '¡no!' por respuesta. Mi amigo empezó a mostrarse muy libre. Hacía todo lo contrario de lo que la madre le decía y estaba muy orgulloso de ello.

Yo era uno de sus mejores amigos, y como hacíamos casi todo juntos, también empecé a disfrutar de esa 'independencia'. Con el tiempo, comencé a notar que algo había cambiado: si bien al principio podíamos realizar muchas cosas, cuando nos consultábamos para decidir qué hacer, siempre, tarde o temprano, salía el tema de lo que su madre esperaría. Fue entonces cuando me di cuenta de que su madre seguía decidiendo lo que él haría. ¿Cómo? Mi amigo dependía de lo que su madre decía o esperaba de él, para hacer absolutamente lo contrario. A fin de cuentas, mi amigo era tanto o más dependiente de su madre que antes.

¿Qué haríamos sin 'los viejos'?

> Guarda, hijo mío, el mandamiento de tu padre y no abandones la enseñanza de tu madre. Átalos siempre a tu corazón, enlázalos a tu cuello. Te guiarán cuando camines, te guardarán cuando duermas y hablarán contigo cuando despiertes. Porque el mandamiento es lámpara, la enseñanza es luz, y camino de vida son las represiones que te instruyen.
>
> Proverbios 6.20–23

Nuestros 'viejos' vivieron más que nosotros. Quizás hasta probaron muchas de las cosas que tenemos ganas de probar, y ahora saben que no son buenas. ¿Quién más que ellos podría desear lo mejor para sus hijos?[8] Trata de pensar en lo que te dicen o en lo que hacen; sé razonable. No te rebeles contra ellos, que te quieren aunque no parezcas de lo mejor. Si pensaste en rebelarte, reflexiona y hazlo. ¿Cómo? Rebélate contra el mundo, que quiere que tú seas un mono amaestrado nomás, que repite lo que todos hacen y sigue a la manada.

Es difícil

Algunos me pueden contestar: *'Eso lo dices porque no conoces a mis padres.'* Yo también fui adolescente, y conozco a los míos. En especial a mi madre. No pueden imaginar lo nervioso que me ponía cuando ella aparecía en el colegio. Todo el prestigio de rebelde, ganado con esfuerzo, se veía en juego cada vez que ella se acercaba al aula. Mi madre es médica, y una vez hizo una donación de instrumentos al laboratorio, justo en el día en que yo había cometido una mala travesura y me habían amonestado. No les puedo contar las burlas y carcajadas de mis compañeros: *'¡Ay, la mamita viene a hacer quedar bien al nene!'* En ese momento hubiese querido esconderme en el armario. ¡Quería desaparecer!

En otra oportunidad, un sábado en que no me dejó ir al cumpleaños de quince de una compañera, mis amigos llamaron bien tarde para ver por qué no había ido. Respondí que sufría de un 'incomprensible' dolor de cabeza, y que me quedaría en casa.

Lo que peor me hacía sentir era que cuando yo salía de noche con mis compañeros, ya en los últimos años del secundario, mi madre me esperaba en la puerta de casa —sin importar la hora que fuese— orando por mí, de rodillas. Ella lograba que yo, estuviera donde estuviera, pasara toda la noche con la idea de que mi mamá estaba sufriendo frío e incomodidad, preocupada por mí, y volviera a casa con la conciencia negra. ¡Gracias a Dios por mi madre, porque ella tiene parte en que hoy yo pueda estar acá escribiendo esto! Pero que la sufrí, la sufrí.

Buscando la independencia perdida

Te propongo siete consejos útiles que leí, para establecer un diálogo efectivo con tu padre y tu madre:[9]

1. Cuando tengas algún pedido o problema, o hasta una queja, no dejes de expresarla, porque de lo contrario, dentro de ti, se instalará el resentimiento.

2. Conversa sobre el problema en privado, de forma que tu madre o tu padre no se sientan atacados ni obligados a cuidar las apariencias.

3. Después de dejar en claro tu cariño hacia él o ella, usa el 'yo' en las afirmaciones y no el 'tú', porque así sonarían como acusaciones, las cuales sólo conducirían a la defensa o a las contraacusaciones.

4. No vueles, ni divagues; no hables de cosas del pasado. Esto lleva sólo a la discusión; ve al grano.

5. Escucha a tus padres con atención, y no pienses que ya sabes lo que van a decir. Podrías estar equivocado.

6. No los ametralles con veinticinco mil cosas al mismo tiempo. Habla de una cosa a la vez.

7. No compares a tus padres con nadie. Ellos son los mejores padres del mundo, porque son los únicos que tienes.

Conseguir la independencia no es como abrir una botella de gaseosa y encontrarte con un premio en la tapa.

La independencia es algo por lo que se debe luchar (¡Listo, ya te pusiste el casco y la ropa de guerra!) con paciencia, esperando el momento apropiado, aprendiendo a escuchar, y tratando de ponernos en el lugar de nuestros mayores. Ellos no nacieron con un 'manual instantáneo para padres geniales'. Ellos también están aprendiendo, junto con nosotros.

Tomemos por ejemplo el caso de Abelardo, hijo único de una madre ama de casa (no mencioné a Juancito porque ya está cansado de que lo pongan de ejemplo).

Segundos antes de salir:

—*Abelardito, ven aquí*— dice su madre, disgustada.

—*No*— responde él, secamente.

—*Ven antes de irte, y ayúdame a ordenar tu cuarto*— insiste su madre.

—*¡Ni loco, se me hace tarde!*— responde, indiferente, Abelardito.

—*¡Ven acá! ¡Ordena tu cuarto, o no irás a ningún lado!*— ahora la madre ya es más terminante.

Abelardo guarda silencio. Luego toma las llaves en forma desafiante...

—*Mira que...*— (amenaza de madre en escena...)

—*¡¡El año pasado, el 16 de marzo a las 17.45, ordené mi habitación, pero...!!*— grita Abelardo, sacando un resentimiento que había almacenado en su corazón por más de un año...

¡Error! ¡Tilt! ¡Tilt! ¡Game over!

La guerra estalló; se mencionaron cosas del pasado, hubo acusación, y se sacaron a la luz nuestros resentimientos. Consecuencia final: ¡Perdimos! Si nos vamos de casa con aires de ganador, va a ser peor. Luego vendrá la represalia, y nuestra reacción sólo servirá para empeorar las cosas, y no para mejorarlas.

Luchar por la independencia requiere de una buena estrategia, y los siete puntos que mencioné al principio de esta sección son una buena sugerencia. Obviamente, hay que buscar el momento oportuno y aplicar cada pauta en la forma adecuada.

Detengámonos un momento en el último consejo: *No los comparemos*.[10] Esto lo podemos aprender de nosotros mismos. Nosotros somos los primeros en irritarnos cuando alguien (nuestros padres por ejemplo) nos dice: *'¿Por qué no eres como Fulano?'* y ¡qué si la comparación es nada menos que con nuestro hermano o hermana! *'¿Por qué no eres ordenado y obediente como Pablito?' '¿Por qué no eres un buen alumno como Pablito?' 'Pablito... Pablito... Pablito...'* nos retumba en los oídos. Pensamos: *'¡Y dale con mi hermano; siempre es el modelo a imitar!'* Y ni hablar si en vez de hermano es hermana, cosa que es mucho más común.

A ellos tampoco les gusta que los comparemos. Si se nos ocurre que nos gustaría ver en nuestra familia algo que vimos en otra, propongámoslo en un momento de calma. No lo arrojemos como granada de mano en el momento de la discusión.

Con respecto a que nos comparen con otros, expresemos la molestia con la persona adecuada en el momento preciso, y no cuando la casa esté en llamas.

La independencia deseada

Ser independiente no es hacer lo que quieres, como tampoco es hacer oídos sordos a lo que tus padres quieren. *Ser independiente es tener la madurez sufi-*

ciente para escuchar, razonar y consultar a Dios.

Adán y Eva tenían el poder de la independencia. Dios les había dado la libertad de administrar todo lo que había en el Edén, pero también les había pedido que no tocaran el árbol que estaba en medio del huerto (Génesis 3). Todos sabemos lo que pasó: ellos no soportaron que algo se interpusiera con su independencia para elegir, y se equivocaron gravemente.

No seamos rebeldes sin causa.

Tenían todo lo que había en el paraíso para usar, tocar y disponer, pero les vinieron esas ganas innatas, que todos tenemos, de hacer exactamente lo que no se debe (sin olvidarnos de que en el Edén había un sólo 'no'). Una marca de indumentaria deportiva tiene una publicidad de zapatillas que dice *'Seguro que tu vieja no te las compraría'*. Dime si no hay adolescentes que se las comprarían por esa única razón.

Adán y Eva no pensaron que si Dios, su propio Creador, les decía que no, era porque los estaba cuidando, y realmente no les convenía tocar el árbol.

¿Qué puede ser más sabio que escuchar al más sabio de todos? Nuestro Creador dijo que es bueno honrar a nuestros mayores:

> *Honrarás* a tu padre y a tu madre ...
> para que sean prolongados tus días y
> para que te vaya bien sobre la tierra.
>
> Deuteronomio 5.16

¿Cuál será nuestra posición? ¿Qué es lo mejor para nosotros? No caigamos en la bolsa de los rebeldes sin causa. Que nuestras propias convicciones, nacidas de un corazón verdaderamente cristiano, sean las que nos permitan escoger el camino correcto.

> Y la verdad *nos* hará libres.
>
> Juan 8.32

5. ¿Te la transaste?

Si vuelvo a tomar agua de ese pozo, volveré a tener sed. Juan 4.13

¡Ey!

¡Qué título tiene este capítulo! Pero, ¿acaso no te es familiar escuchar esta pregunta en la escuela, en el club... y hasta en la iglesia?

Hace un tiempo escuché en la radio un programa llamado 'Transas', al que llamaban adolescentes para intercambiar sus ganas de juntarse con otros. Describían edad y tipo de compañero o compañera deseados, para que estos los llamaran y así arreglar una cita. En una telenovela dirigida a los adolescentes, sin siquiera llegar a dos meses de emisión, la protagonista ya había cambiado tres o cuatro veces de novio.

Los medios de difusión no paran de hablar de la libre expresión del amor, de la primera experiencia, y de mostrar besos que van y vienen. En fin, si queremos podemos ampliar la lista, pero ¿para qué? Lo sabemos muy bien, conocemos la onda: todos transan. Y como cristianos, ¿qué debemos pensar?

El hecho de que este tema no se trate abiertamente (no me refiero a que desde el púlpito simplemente se diga que está mal, aunque a veces ni siquiera eso), no quiere decir que el problema no exista. Por el contrario, resulta urgente que lo consideremos. Como todo lo relacionado con la sexualidad siempre fue tabú, es natural que muchos adultos le rehuyan a estos temas. Con la transa es peor, porque muchos adultos están tan desinformados que ni sospechan lo que pasa. Como líder de adolescentes, me siento obligado a predicarles y enseñarles sobre temas como este. Me preocupa que la transa no sea tema de reflexión en grupos de jóvenes, y que se tome con tanta liviandad.

Con lo anterior, no estoy diciendo que las predicaciones y estudios exegéticos y hermenéuticos (¡no son comidas alemanas!) que se presentan a los adolescentes en las distintas iglesias sean inservibles. Pero deberíamos apuntar a entender, a la luz de la Biblia, lo que seduce, atrapa y confunde a los adolescentes, a nuestros amigos y a nosotros mismos.

¿Qué es transar?

Transar es un término comercial que, básicamente, quiere decir intercambiar, ceder algo en busca de obtener otra cosa a cambio. En términos mercantiles, la transa es un encuentro de intereses en el cual ambas partes deben quedar satisfechas.

En la jerga con que se manejan hoy los adolescentes, transar es intercambiar besos o caricias fuera de una relación formal: sin compromisos, sin tiempo de maduración, impulsivamente, sin amor en los términos de 1 Corintios 13.

Cuando era chico, en casa mirábamos en familia las películas de Jerry Lewis. En cada película, Dean Martin seducía a la protagonista linda. En el momento del beso, me daba tanta vergüenza verlo delante de mis padres, que miraba hacia otro lado o me hacía el distraído. Jerry Lewis y la vergüenza quedaron atrás. Hoy, Hollywood y las telenovelas llenan la televisión de húmedos besos de medio capítulo que parece que van a inundar el aparato de saliva: ahí el ejemplo que ves desde chico. ¿Te detuviste a escuchar con atención lo que muchas de las famosas 'canciones de amor' dicen, antes de aplaudirlas y absorber toda su información? Te vas a dar cuenta de que hablan de un amor que exige. De un amor que no soporta tensiones. De un amor que se muestra impaciente con cualquier cosa que se le interponga. De un amor que es sólo una expresión de deseos y necesidades propias que requieren ser satisfechas.[11]

¿Qué dice la Biblia?

El apóstol Pedro escribe:

> Tienen los ojos llenos de adulterio, no se sacian de pecar, seducen a las almas inconstantes, tienen el corazón habituado a la codicia y son hijos de maldición.
>
> 2 Pedro 2.14

Analicemos este versículo detenidamente:

1. Tienen los ojos...

Cuando uno decide transar, no piensa solamente en besos. Inevitablemente se producen imágenes de deseos más íntimos. Algunos pensarán que no podemos andar sintiéndonos culpables por cada imagen erótica que se nos cruza por la cabeza, y tienen toda la razón, es verdad. Pero este no es el caso. Vamos a hablar de este tema más adelante, en otro capítulo. De todas formas, detengámonos un poco. En la transa, sin duda estaríamos jugando con esas imágenes, alimentándolas. Estaríamos provocándolas fuera de todo marco: esto se llama *lascivia*.

> Pero yo os digo que cualquiera que mira a una mujer para codiciarla, ya adulteró con ella en su corazón.
>
> Mateo 5.28

Una vez escuché: *'No puedo impedir que los pájaros vuelen sobre mi cabeza, pero sí que hagan ahí su nido.'* Una cosa es que pasen por tu mente imágenes eróticas, pero otra muy distinta es que tú seas el que se las proponga a tu imaginación, y así las dejes anidar.

2. No se sacian de pecar...

Un chico me confesó que una vez que empezó a transar, pronto le fue fácil y común hacerlo. Al tiempo, ya casi era lo normal. Alguno podrá decir: *'Bueno, yo nunca voy más allá.'* Pero cada vez es más difícil saciarse (lo que saciaba antes, ya no te sacia; ahora quieres más).

Otra chica me contó que, al haber transado una y otra vez, ya casi no le daba importancia porque era *'lo normal'*. ¡Terrible! En cada transa, transas por algo más, y así no pasará mucho tiempo, antes de que 'transes' los límites.

3. Seducen a las almas inconstantes...

Nadie que esté transando está constante en las cosas del Señor. Muchas veces vi cómo el muchacho o, más frecuentemente, la muchacha, que llegaba a la iglesia apenas convertida, era el blanco perfecto del galancito de turno (con frecuencia hijo de un líder reconocido en la iglesia o hasta del pastor). Tristemente, también vi como la jovencita no volvía más, después de cortar relaciones con el 'dueño de casa'.

Así fue la historia de Laura: llegó a la iglesia un día en que hubo un mensaje lleno de poder, e hizo su manifestación de fe. Pronto quiso integrarse al grupo de jóvenes, y en una de las reuniones del grupo conoció a Martín, el hijo de uno de los miembros más antiguos de la iglesia. Mirada va, mirada viene, esa noche Martín se ofreció a acompañar a Laura hasta su casa (imaginen el clima de película de muchachito que vuelve de Vietnam y se reencuentra con su novia). Bajo luz de luna, Martín y Laura 'no lo pudieron evitar', y transaron.

¿Qué sucedió luego? En la iglesia no verían bien que Martín, 'hijo de familia renombrada y respetada, parte de la nobleza evangélica (se cree que descendientes directos de Juan el Bautista)', saliera con una recién convertida. De modo que Martín inventó alguna buena estrategia para mantener con Laura un par de transas más sin que nadie se enterara, y evitar así los problemas. Cuando Laura 'osó abrir la boca' y 'traicioneramente' contarle a su mejor amiga lo que pasaba con Martín, este la dejó como a una camisa sucia, y trató de fingir que nunca había pasado nada. Como consecuencia, Laura dejó la iglesia con una mala impresión de los creyentes, y con el corazón hecho pedazos.

Hermanitos, cuidado con esto; estaríamos siendo unos homicidas espirituales. La idea es traer gente a la iglesia, ¡y no vacunarla contra los cristianos!

4. Tienen el corazón habituado a la codicia…

Cada vez quieres más. La transa se convierte en la forma más buscada, y muchas veces la única, para relacionarte con el otro sexo.

Cuando estaba en el colegio, mis compañeros competían a ver quién transaba con más chicas en una noche. (Yo me aseguraba de tener a mi novia de aquel entonces bien cerca: la utilizaba como excusa para no ser parte del juego, y así preservaba mi reputación). Es así como las transas dejan de ser personas para convertirse en trofeos, simples 'cosas' para saciar el orgullo personal.

Una adolescente de quince años me escribió contándome cómo tres muchachos habían apostado quién lograría transarla ¡y habían ganado los tres! Cuando ella se enteró, obviamente se sintió muy mal; ¡para ellos había sido sólo una competencia!

Es increíble cómo, interiormente, los muchachos desprecian a las jovencitas, y muchas veces, también exteriorizan este desprecio; llegan a tratarlas realmente mal, después de haberlas usado. Tuve la oportunidad de escuchar muchas de estas historias, y les aseguro que la experiencia de todos con los que hablé indica que no vale la pena dejarse llevar por las presiones y ceder en algo que para cada uno es tan importante.

5. Son hijos de maldición...

Además de las consecuencias de sentir inseguridad hacia el otro y de quedar con un cartel de 'usado' para cuando quieras formalizar un noviazgo en serio, Dios te tiene reservado no precisamente un premio (Efesios 5.5, anímate a leerlo).

Atragantados

Este es un capítulo difícil de digerir. Y mucho más, teniendo en cuenta lo corriente que es este tema en la actualidad. Sin embargo, esto mismo es lo que hace que sea tan necesario hablar con absoluta claridad, y desde una óptica cristiana.

Cuando hablo personalmente con algún adolescente sobre esto, me recuerda el cuento que dice que un sordo le estaba contando a su amigo lo bueno que era el nuevo audífono que se había comprado, y lo bien que funcionaba. Al rato, el amigo le preguntó: *'¿Me prestas dinero?'*, a lo que el sordo respondió: *'Las tres menos cuarto'*. ¡No hay peor sordo que el que no quiere oír!

Sinceramente, como líder, a veces me es más fácil hacerme el distraído, no involucrarme o justificarme. Puedo pensar que es una falta de madurez (de hecho, lo es), y que ya se les va a pasar. Pero esta dejadez mía podría traer aparejado un desastre, un gran dolor para el cuerpo de Cristo y heridas profundas en los corazones de dos o más personas. Por eso es que me arriesgo a hablar, y, si se me permite, a *'meterme en lo que no me incumbe'*.

No decirte estas cosas sería no amarte. Dios creó los besos, y hasta Pablo los recomendó (1 Tesalonicenses 5.26); pero deben ser santos, como nuestro Dios es santo. No te escudes detrás de excusas que te convienen, para justificar tu actitud o la de tus amigos. Dios conoce lo que te está pasando. Cuando esos pensamientos vengan a tu mente como una ametralladora enloquecida, entonces será el momento de aferrarte a Aquel que es la Roca de los Siglos. El apóstol Pedro nos dice:

> Echad toda vuestra ansiedad sobre él,
> porque él tiene cuidado de vosotros.
>
> 1 Pedro 5.7

Toma tres

Nuestro ser está constituido por tres partes: espíritu, alma y cuerpo. El apóstol Pablo nos recuerda, en 1 Tesalonicenses 5.26, que tenemos que mantenerlas en forma irreprensible.

Cada una de estas partes ama. ¿Cómo? Básicamente, amar es dar (Juan 3.16), y cada una de las tres partes constitutivas del ser quiere expresarse, o dar, a su manera y a su tiempo.

Dios creó al hombre con sus áreas para funcionar en tres esferas diferentes. El amor del cuerpo y del alma, aunque buenos en sí, tienen límites, y, particularmente, el amor del cuerpo está reservado, en su manifestación plena, exclusivamente al matrimonio.

Entonces, ¿cómo puedes saber si tu sentimiento es verdaderamente sano? Si tu sentimiento se refleja en 1 Corintios 13, es decir, si tu amor es sufrido, paciente, todo lo puede y lo soporta, no exige, da constantemente, no espera retribución, y es para siempre (no pasa, no es temporal), entonces es un sentimiento adecuado para encarar una relación más comprometida. La transa obviamente no refleja este tipo de sentimientos. Cuidado con los descontroles del cuerpo. *Siempre* terminan descontrolando el alma y el espíritu.

Dios tiene planes maravillosos para tu sexualidad y para la de los demás. No seas egoísta, no busques tu propio provecho, ni te entregues en oferta. Tu vida es realmente valiosa ante los ojos de Dios; no malogres el resto de tu eternidad.

6.
El camaleón

Péseme Dios en balanzas de justicia,
y conocerá mi integridad.   Job 31.6

Dice un viejo cantito de cuando yo estaba en la escuela: '*¡El camaleón, mamá, el camaleón, cambia de colores según la ocasión!*'

El camaleón es un animal que tiene la capacidad de esconderse. Tomando del color de las hojas y las plantas de donde vive, evita que los otros animales e insectos lo molesten e interrumpan su privacidad. Esta capacidad se llama mimetismo, y la tienen algunos animales para mezclarse en la vegetación y pasar inadvertidos. Dirás: '*Mi abuela fabrica tuercas con el ombligo. ¿Qué tiene que ver esto con los adolescentes?*'

Dos caras

Muchos adolescentes parecen tener la capacidad de mimetizarse como el camaleón, según donde se encuentren. Si están en la iglesia, son cristianos almidonados de aquellos que dicen '*El celo de Jehová me consume*', cantándole al Señor con cara de teleteatro. Si están afuera, son *playboys* o mujeres fatales.

En un principio, esta costumbre parece divertida. Quedas bien con todo el mundo. Tu padre y tu madre hablan con orgullo de ti, y todos te adulan. Por otro lado, tus amigos no te molestan, porque están seguros de que eres como ellos. ¡Genial, quedas bien en todas partes!

Mis dos caras

Quiero relatar una de mis correrías de adolescente. Ahora podrá causar gracia, pero lo cierto es que con ella hice sufrir a mucha gente, y armé una ensalada de sentimientos dentro de mí que perduró en el tiempo.

Cuando estaba en la escuela secundaria, yo era una pesadilla para los profesores. Sin exagerar, causaba las más diferentes emociones. Algunos, los más conservadores, no me soportaban, y en consecuencia yo les hacía la vida aún más difícil. Había otros que tampoco podían controlarme, porque ni ellos mismos podían contener la risa y, así, festejaban las cosas que yo hacía.

Con los adultos en la sala de profesores hablando de mí, era lógico que para mis compañeros yo fuera el cabecilla, y hasta una especie de mártir. Todo esto, sumado a que era buen deportista en un colegio donde jugar bien al rugby era de vida o muerte, hacía que yo me mostrase arrogante, muy seguro de mí mismo, y que quisiera pasar a todo el mundo por arriba... todo un ganador. Por el otro lado, mi papá era y es pastor de una iglesia muy conservadora. Había que estar en regla y mostrarse juicioso (con corbata incluida) para no despertar sospechas... ¡todo un 'cristianoide'!

A los 16 años tenía 'la novia' que podía esperarse de mí: rubia, pedante y con dinero. Obviamente, ella no conocía al Señor (pero ni soñar con que se enteraran en casa). No los recuerdo muy bien, pero los cuentos que les conté a mis padres y a ella para explicar dónde estaba y qué hacía cuando no me veían, deben haber sido de ciencia ficción.

Llegaron las vacaciones, y conocí a una chica de mi denominación cuya familia era amiga de la mía. Nos empezamos a gustar. ¡Qué problema! Yo tenía novia, pero nadie en la iglesia lo sabía. Además, nuestros respectivos padres se enteraron de que nos habíamos conocido y, aunque sin decir nada, a ellos les daba gusto que entre nosotros fuera a pasar algo. (Aclaro que no estoy promoviendo el noviazgo en la adolescencia —no es el tema y mucho menos con no cristianos, lo cual sería desobedecer a Dios directamente.)

La cuestión se complicaba cada vez más. Anduve con ella, aunque sin llegar a nada. Al tiempo surgió la posibilidad de irnos en un viaje de evangelización a la ciudad de San Nicolás. ¿Qué hacía con mi novia? Algo tenía que inventar. Le dije que me iba al Brasil. Me puse la máscara de Billy Graham, y salimos para San Nicolás. (Sentía una doble carga: por mis dos caras y por ser 'pura carne'.) A los pocos días volvimos de la gira. Ahora me tocaba enfrentarme a mi novia. No tenía cara para eso, por lo tanto, decidí 'seguir en Brasil'.

Nunca hice tantas ridiculeces como en esos días. Iba al video club haciendo cuerpo a tierra por detrás de los autos. Cortaba el teléfono cada vez que llamaban. Cada vez que veía un auto como el del papá de mi novia, me escondía donde fuera, como un delincuente prófugo. Hasta me puse lentes, sombrero y ropa rara para ir al supermercado... Resultado: me descubrieron. Ella ya sabía que yo estaba en Buenos Aires, y esperaba que yo enfrentara la situación. Yo no sabía que ella estaba enterada, así que, para seguir con mi cuento hice llamar a una amiga desde un teléfono público diciendo *'Llamadou do Brazil'* con tono brasileño, antes de pasarme el tubo para saludarla. La consecuencia final de todo este juego fue que me mandó a buscar flores a la Antártida.

Al término de estas agitadas vacaciones, volví al colegio seguro de que sería el hazmerreír de todos porque ya sabrían lo de la mentira de Brasil. Pero me equivoqué; para mis compañeros varones, seguía siendo todo un ídolo. Esto no hizo más que empeorar las cosas. Ese año comencé a escaparme de casa por la ventana para ir a bailar, apareciendo en la iglesia bien vestidito el domingo a la mañana, sin dormir, haciendo todo lo posible para mantener los ojos abiertos. En ese tiempo me ofrecieron muchas cosas nocivas (pero gracias a Dios no me involucré en ninguna), como también conocí casi todos los centros nocturnos de Buenos Aires para chicos de mi edad. Pero a decir verdad, confieso que, a pesar de que parecía tenerlo todo, me sentía mal conmigo mismo.

Buscado

Todo ese tiempo hubo una sensación en mí que en ningún momento se borró. Me sentía como Adán y Eva después de probar el fruto del árbol (Génesis 3.9). Cuando volvía a casa por las calles oscuras, sentía que Dios tenía clavados sus ojos en mi nuca y que el Espíritu Santo, como un sabueso celestial, corría detrás de mí, tratando de alcanzarme.

Muchas veces los adolescentes piensan que la escuela secundaria es una 'hora libre' para hacer cualquier cosa sin tener ningún cuidado o responsabilidad. Creen que una relación con Dios es cosa para más adelante. *'A mí déjame. Yo quiero divertirme'*, es el concepto constante en la mente de muchos adolescentes. A ellos les pregunto, ¿y quién les dijo que estar cerca de Dios no es divertido? Hay una idea equivocada de lo que es tener una relación con Dios y de lo que realmente es la vida cristiana. Es cierto que hay muchas diferencias; es más, hay pensamientos, actitudes, etc., diametralmente opuestos e incompatibles, pero no por ello 'aburridos'. No hay forma de vida que dé más seguridad, estabilidad, felicidad, alegría y paz que la vida cristiana. Pero algo también es cierto: así como nos hemos jugado alguna vez en nuestras andanzas mundanas, en las cuales corrimos un riesgo, Dios quiere que también nos juguemos por él. La diferencia es que jugarnos por él encierra otro tipo de riesgos, que nunca van a perjudicar nuestra mente o corromper nuestra esencia. La frustración de muchos adolescentes surge cuando piensan que se puede quedar bien con el cielo y con el infierno.

> ## Saca la banderita blanca y dile a Dios: ¡Me rindo!

Dios nos está buscando constantemente. Dios quiere moldear nuestro carácter a la imagen de su Hijo (2 Corintios 3.18). En la adolescencia de un cristiano se conjugan dos factores: uno es la búsqueda natural de la identidad y el carácter, y el otro es la obra transformadora del Espíritu Santo. Puede ser que no entendamos lo que sucede, que sintamos que todos están en contra de nosotros. En casa, nuestros padres se oponen a nuestros deseos. En el colegio, los profesores también. Buscamos el refugio en la iglesia, pensando que *'quizás Dios tenga misericordia',* y nos encontramos con que también allí la cosa es inflexible. Es entonces cuando tenemos ganas de gritar *'¡Auxilio!',* desaparecer del mapa o rebelarnos contra todo el mundo. ¿Qué hay que hacer? Lo mejor es sacar la banderita blanca, flameársela a Dios y decirle: *'Me rindo'.*

Si nacimos dentro del ambiente evangélico, no tenemos elección: todo lo que aprendimos en la infancia (en la escuela dominical o en casa a través de nuestros padres) está en nuestra mente y en nuestro corazón. El Espíritu Santo, si es que hemos aceptado a Jesucristo como nuestro Señor y Salvador, va a estar usándolo cada vez que queramos desviarnos. Nos perseguirá las veinticuatro horas del día, porque nos anhela celosamente y quiere cumplir el propósito divino en nosotros. ¡Gracias a Dios por ello!

Si no tuvimos la dicha de nacer en el entorno de una iglesia cristiana, él hablará constantemente a nuestra conciencia, porque nos ama. Nos sentiremos incómodos haciendo ciertas cosas o estando con ciertas compañías o en determinados lugares. Desearemos quedar bien con los que nos rodean, pero interiormente habrá algo que no funciona, que no encaja. Alguien estará diciéndonos que lo que estamos haciendo, o el lugar en el que estamos, no es para nosotros. Entonces, podremos tomar una de dos actitudes: obedecer o seguir en nuestra actitud. El tiempo demostrará las consecuencias de una u otra decisión.

Doble ánimo

> ¿No sabéis que la amistad del mundo es enemistad contra Dios? Cualquiera, pues, que quiera ser amigo del mundo se constituye en enemigo de Dios. ¿O pensáis que la Escritura dice en vano: El Espíritu que él ha hecho habitar en nosotros nos anhela celosamente? Pero él da mayor gracia. Por esto dice: Dios resiste a los soberbios y da gracia a los humildes. Someteos, pues, a Dios; resistid al diablo, y huirá de vosotros. Acercaos a Dios, y él se acercará a vosotros. Pecadores, limpiad las manos; y vosotros los de doble ánimo, purificad vuestros corazones.
>
> Santiago 4.4–8

El Señor permitió que me involucrara en diversos problemas para que, bajo presión, abandonara a mi arrogancia e hipocresía. Pero el golpe final lo dieron estos versículos de Santiago, que quedaron subrayados en mi Biblia y en mi vida. Fue como si Santiago se hubiera imaginado mi cara y me los hubiese escrito exactamente a mí: amistad con el mundo, el Espíritu anhelándome, culpa por mi soberbia, y doble ánimo (dos caras). Por sobre todas las cosas, lo que me impactó fue la invitación a acercarme a Dios, con la promesa de que él se acercaría a mí. Yo me tenía que acercar a él, porque estaba alejado e indiferente, pero al mismo tiempo sabía que no me rechazaría y que también él se acercaría a mí.

Se te cae la hoja de higuera

Inmediatamente después de la caída, Adán y Eva se dieron cuenta de que estaban desnudos, y trataron de taparse.

> Entonces fueron abiertos los ojos de ambos y se dieron cuenta de que estaban desnudos. Cosieron, pues, hojas de higuera y se hicieron delantales. Génesis 3.7

Desde aquel entonces, el hombre ha tratado de tapar su vida, su personalidad, sus creencias y sus necesidades, para que sus semejantes no se den cuenta de qué tan pobre está. Nosotros no somos la excepción; tratamos de cubrirnos con cualquier medio ('hojas de higuera'). Adán y Eva cosieron hojas de higuera y se hicieron delantales. Tal vez el delantal es nuevo, pero las hojas de higuera (los elementos constitutivos del mismo) ya existían desde hacía tiempo. Los humanos nos las ingeniamos para entretejer tramas para cubrirnos, porque en realidad experimentamos temor a mostrarnos como somos.

Con el tiempo me di cuenta de que toda la seguridad y arrogancia de 'muchacho sabelotodo' que yo mostraba, había sido una farsa. Me había portado como un cobarde que no asumía su fe, sus valores, las creencias de su familia, y que no se arriesgaba por su Dios.

Al pasar los años, finalmente mis amigos me echaron en cara todo lo que yo les había ocultado, porque no siempre podía estar guardando todo. Hoy pienso en aquel día (en el último día) en el que me preguntarán por qué no les compartí a Jesucristo.

Miopes

Si alguna vez en carnaval te pusiste una careta, sabrás que es muy difícil ver bien con ellas. Las caretas nos distorsionan la vista, nos hacen miopes espirituales. Le decimos *'Mishy, mishy... gatito, gatito'* a un orangután escapado del circo. Dios nos ha llamado a dominar al mundo. Su intención no fue que naciéramos como hombres y mujeres, y muriéramos solamente como obreros, empresarios, médicos o amas de casa. Dios creó a la humanidad, y le dio una misión mucho más sublime: dominar sobre la tierra. Nos coronó de gloria y honra y lo puso todo debajo de nuestros pies.

Adán hizo como el camaleón y perdió todo el dominio. Hay un sentido en el evangelio en que podemos recuperar el dominio: pedir a nuestros amigos, quizás a nuestra familia, y, por qué no, a nuestro país entero como nuestra herencia. Nos contentamos con muy poco, tratando de destacarnos en cosas sin trascendencia social. Nos arrastramos, en vez de volar.

Spurgeon, un predicador inglés, le escribió a su hijo:

> No me gustaría que siendo apto para ser misionero mueras millonario. No me gustaría que siendo apto para ser misionero fueras coronado rey.[12]

Enfoquemos la visión, y sólo quedemos bien con Dios; él es celoso de sus hijos. Saquémonos las caretas y miremos el emocionante reino por el que podemos luchar.

Íntegros

La integridad es un valor perdido. Sea a través de máscaras o disfraces u hojas de higuera, el hombre que ha perdido su integridad quiere aparentar que la tiene. Dios, en Cristo Jesús, nos ha restaurado a esa posición de dignidad que el hombre tenía antes de su caída. La integridad es valor propio por parte del que es salvo y está en dependencia de Dios. La cuestión es si nosotros queremos ser íntegros o no.

El mundo está necesitado de hombres y mujeres íntegros, en los que se pueda confiar. Allá afuera la ley que impera es 'la ley de la jungla': el más fuerte es el que vence. Así, el mundo está en guerra (una guerra fría exteriormente, pero caliente en el corazón; Santiago 4.1). El mundo busca paz, porque Dios no creó al hombre para la guerra o la contienda. Dios no nos hizo para competir 'a cuál es el más pícaro', en forma desenfrenada y hasta sangrienta. Los hombres están buscando una sociedad que sea diferente. Tanto en Argentina como en Chile, como en Estados Unidos, Japón o Francia, la gente está buscando un lugar donde vivir en paz. Algunos, con posibilidades financieras, pueden cambiar muchos países, pero una vez instalados sabrán en su corazón que esa nueva sede tampoco es el ideal de sociedad que están buscando.

Dios, que ve más allá de nuestros horizontes racionales, ha provisto esa sociedad que el hombre está buscando. Se llama iglesia: Él está preparando y purificando para sí 'un pueblo propio, celoso de buenas obras' (Tito 2.14). Un pueblo que puede aportar al mundo lo que el mundo necesita; un pueblo que porte la imagen, el perfil, el carácter, el propósito, la luz y el mensaje de Cristo, a un mundo ajeno a Dios, que perece sin esperanza.

Durante el famoso Sermón del Monte, Jesús dice:

> Vosotros sois la sal de la tierra; pero si la sal pierde su sabor, ¿con qué será salada?
> No sirve más para nada, sino para ser echada fuera y pisoteada por los hombres.
>
> Mateo 5.13

La sal, en aquellos tiempos, servía, entre otras cosas, para preservar los alimentos. No existían los frigoríficos, de modo que la única manera de evitar la corrupción o putrefacción de algunos alimentos era salarlos. Ahora, Jesús dice de nosotros que somos la sal de la tierra, los llamados a preservar al mundo de su corrupción. Esto es, sin embargo, condicional. La condición es que no perdamos nosotros la salinidad otorgada, es decir, nuestra incorruptibilidad. Jesús demanda de nosotros integridad, no dobles caras, no doble ánimo, no doble corazón.

Sólo la integridad, alimentada por nuestra dependencia de Dios, nos va a dar la paz y seguridad que requerimos para desarrollar nuestra vida. Tenemos un futuro glorioso, no sólo en la eternidad celestial, sino acá sobre la tierra. Pero solamente podemos alcanzarlo por medio de una vida cristiana comprometida.

Dios está esperando integridad… no seamos camaleones.

7. Los rebeldes

Para no vivir el tiempo que resta en la carne, conforme a las pasiones humanas, sino conforme a la voluntad de Dios.

1 Pedro 4.2

Tres grandes acusaciones evangélicas: fumar, tomar, y tener el pelo largo los varones. ¿Por qué, si cuando estás en la escuela o en el club todos lo hacen, viven así, y es lo más normal? (Anormal, y digno de preocuparse, ¿no sería ver que uno no lo hace?)

Por un lado, es común que estés hasta harto de que en la iglesia todos te digan que te tienes que cortar el pelo, y en casa de tener que esconderte de tus padres para que no se enteren de que estás fumando, o de tratar de dormir en la casa de un amigo cuando te pasaste de cervezas. Varios adolescentes me dijeron: *¿Por qué no nos dejan ser como queremos ser? ¡Bah!, finalmente, ser como todos...*

Por otra parte, si el caso es que usas el pelo corto, participas en el grupo de alabanza y llevas siempre la Biblia bajo el brazo, ¿te diste cuenta alguna vez de lo fácil que es hacer de lado a los que son diferentes, los 'mundanos', que no parecen tener nada de cristianos porque no hacen ni se visten como vos? ¿Qué pensaría Jesús de todo esto?

Hace algunos años teníamos en L.A.GR.AM a un grupo de líderes muy interesados en agradar a Dios, pero que, por moverse sólo en el ambiente evangélico, tenían poco contacto con chicos no creyentes. Ese año tuve que viajar, así que se encargaron ellos del campamento de esa temporada que, para sorpresa de todos, tenía más chicos no creyentes que evangélicos. Claro está que todos pretendían fumar, irse para el bosque en parejita, y otras cosas que los líderes no sabían cómo controlar. Cuando llegué, la última noche, el que había sido director del campamento me dijo con cara de terremoto: *'Esto es un desastre.'* A la mañana siguiente me tocaba tomar la palabra, y les hablé directamente de Jesús, de su amor, de sus planes, y los desafié a rebelarse contra las normas de este mundo para seguirlo a él. Pronto, todos esos chicos estaban alabando al Señor. El Espíritu Santo nos había enseñado que no había nada que contrarrestar, que sólo había que confrontarlos con el amor de Jesús y que las consecuencias vendrían después.

Haciendo lo que me place

Te voy a contar mi historia, a ver si te sirve. Me crié en un hogar creyente; de chiquito me llevaban a la iglesia, y me enseñaron todo lo que se esperaba de un cristiano: repetir versículos de memoria, orar en público, conocer todas las alabanzas, vestirme de tal o cual forma, no decir malas palabras, etc., etc. Cuando llegué a la adolescencia, me empezaron a divertir más otras cosas. Cada vez me fui pareciendo más a mis amigos del colegio. Me dejé crecer el pelo y comencé a tener una actitud rebelde con respecto a la iglesia. Pero mi rebeldía tenía que ver más con la actitud que se tomaba para conmigo que con no creer importante lo que se me había enseñado. Algunos de mis antiguos compañeros de la escuela bíblica (o dominical, como uno prefiera), hijos de otros creyentes amigos de mis padres, empezaron a criticarme y a dejarme de lado. ¡Claro!, obviamente, según sus padres, yo no estaba bien espiritualmente y no era una buena influencia. Lo peor del caso es que yo sabía que la razón por la que muchos de ellos no hacían lo mismo que yo, no era que ellos no quisieran o aborrecieran mis actos, sino simplemente que no tenían la suficiente valentía, o que no habían tenido las mismas oportunidades que yo para hacerse amigos en el colegio.

Gracias a Dios por el cuidado y el amor de muchos otros, expresados en paciencia y comprensión, que hicieron posible que yo esté acá escribiéndote. Tristemente, tengo que decir, en cambio, que algunos de los que creyeron agradar a Dios por su 'culto teórico', en el cual habían dejado de lado el amor, contribuyeron a que otros hoy no estén. Lamentablemente, hoy muchos de ellos tampoco están.

Haciendo lo que te place

Si estás haciendo lo que te place, no sabes lo que te estás perdiendo. *La vida cristiana no es una listita de cosas que hay que cumplir, ni de cosas que no hay que hacer.* Como dije anteriormente, cristianismo no es hacer o dejar de hacer; *cristianismo es ser; es abrirse a una nueva creación.*

La vida cristiana es una vida con un amigo fiel, llena de desafíos, llena de metas y, por qué no, llena de rebeldía contra la mediocridad, contra la hipocresía, contra las caretas y contra la ineficiencia... toda esta gama de actitudes que ha lastimado tanto a la iglesia.

Más aún, la vida cristiana es rebeldía contra un mundo que nos dice: *'Haz lo que te guste...',* pero *'vístete así'; 'Sé independiente...',* pero *'usa esta marca y escucha esta música'.* Un mundo que nos quiere estructurar según su estándar (siempre decadente) y su metodología. Que nos quiere manejar como títeres de un circo, cuyo *showman,* bien disfrazado, es el diablo mismo. Nos dice que seamos independientes, pero ignoramos que pasamos a ser esclavos suyos. Con una u otra máscara o atuendo, pasamos a formar parte de su ejército. Todos con el mismo uniforme (llámese 'moda'), todos con las mismas contraseñas ('la onda') y todos con la misma música marcial (llámese *top hits*).

No esto... No aquello... ¡Esto no es ser cristiano!

Hace algunos años, allá por los comienzos de los '60, se hizo famosa una renombrada banda, The Beatles. Ellos hicieron un tema que causó furor en su época: *Let it be* (Déjalo ser). Como todo movimiento artístico renovador (o revolucionario), afectaron especialmente a las masas de gente adolescente y joven. El mensaje que transmitía esta canción se transformó en un proyecto de vida para la futura humanidad. Pasaron treinta años, y aquellos jóvenes, que fueron influenciados y moldeados por esa música y aceptaron ese desafío, son los actuales líderes de la sociedad que rondan entre los 40 y 55 años de edad. Ellos son los que dicen hoy: *'Al chico hay que dejarlo ser.'* Ellos, tal vez tras la máscara de la ciencia y sus títulos universitarios, van a decirle al mundo que al chico (al adolescente, al joven) no hay que 'reprimirlo', no hay que castigarlo, *'no sea que se trastorne y le quede un trauma para el futuro; hay que dejarlo ser, que se exprese libremente, que forme su carácter sin tapujos y barreras culturales'*. Estas y otras estupideces abundan no sólo en los medios de comunicación y en programas de alta audiencia, sino también en los colegios.

Hoy son ellos los que nos quieren enrolar en sus filas, enseñarnos su 'ciencia' y su ficticia libertad. Si hay alguien que sabe cómo educar a sus hijos es Dios, y él es el primero en darnos algunos consejos de tipo 'No hagas…' porque quiere mostrarnos un estilo de vida superior al de la mediocridad que hay en el mundo.

Si uno ha nacido de nuevo, ha escapado del juicio del mundo. Pero no de la disciplina de Dios, ya que él 'al que ama, disciplina' (Hebreos 12.6).

Lo espiritual es para más adelante

Son muchos los que piensan que servir a Dios es para cuando terminen de disfrutar las cosas del mundo. ¡Si sólo supieran que el mundo les está usurpando el tiempo, entreteniéndolos para que se pierdan de disfrutar las cosas de Dios! (Efesios 5.15–17; Colosenses 4.5). Lamentablemente, a través de la historia se ha generado la creencia de que lo espiritual es sinónimo de aburrido, monótono y legalista. Tengo amigos que pensaron y que aún piensan así. Disfrutan de las cosas que a Dios no le agradan, pero pagan el precio de una conciencia sucia y la constante carga de estar yendo en contra de lo que ellos saben que realmente les conviene.

Otra evidencia es pensar que ahora es hora de 'vivir', y que después tendrás tiempo para atender las cosas espirituales. Con sabiduría, Salomón dijo:

> Acuérdate de tu Creador en los días de tu
> juventud, antes que vengan los días malos,
> y lleguen los años de los cuales digas:
> No tengo en ellos contentamiento.
>
> Eclesiastés 12.1

La recomendación es doble. Primero, para estar prevenidos contra el día malo que todos vamos a tener. Todos vamos a ser, de una u otra manera, sacudidos por algún día malo (zarandeados como bolillas de sonajero). No hay que esperar que este día llegue para arreglar nuestra situación con Dios. Lo segundo que dice es que ahora, en la juventud o en la adolescencia, nos acordemos de nuestro Creador, de Jesús, antes de que nos acostumbremos al molde en que fuimos encajados por la sociedad en la que vivimos, y ya no veamos salida, ni encontremos contentamiento y felicidad. No esperemos hasta sufrir, cuando nos demos cuenta de que somos esclavos del mundo, y estemos vagando como perro sin dueño. Dios tiene un plan maravilloso para nosotros. Sólo espera que le obedezcamos, para entonces desarrollarlo en nosotros.

Un cristiano que no ha probado el pecado siempre tendrá una sensibilidad hacia las cosas de Dios superior a la de aquellas personas que sí lo han hecho. ¿Dios perdona? Sí. ¿Dios limpia? Sí. ¿Dios olvida? Sí. Pero el hombre, por lo general, no funciona igual que Dios. *Se puede sacar el clavo de la madera, pero la marca queda*. Un minuto de rebeldía puede costar años, hasta que la marca desaparezca. No estoy diciendo que Dios no pueda hacer un milagro, y restaurar toda una vida instantáneamente, pero no creas que Dios va a responder a tus caprichos.

> Acercaos a Dios, y él se acercará a vosotros.
> Pecadores, limpiad las manos ... purificad
> vuestros corazones ... Humillaos delante del
> Señor y él os exaltará. Santiago 4.8, 10

Haciendo la legal

Dios no tiene nietos, sólo hijos. Que nuestros padres sean cristianos no nos hace a nosotros cristianos. Tampoco nos hace cristianos el comportarnos (imitativamente) como tales.

Dios nos creó como seres para vivir en relación con otros, y fundamentalmente con él. El hecho de que el hombre se haya apartado de Dios por causa del pecado hace que todas sus relaciones se deterioren. Como dije antes, podemos ponernos máscaras (u hojas de higuera), pero eso no cambia la relación deteriorada. Tarde o temprano saldrá a flote. Santiago dice:

> ¿De dónde vienen las guerras y los pleitos
> entre vosotros? ¿No es de vuestras pasiones,
> las cuales combaten en vuestros miembros?
> Santiago 4.1

Más claro, imposible: si hay pasiones desordenadas en mí, no podré relacionarme con otros en la forma en que Dios lo desea. ¿Qué debo hacer entonces?

El apóstol Pablo dice a los romanos:

> Justificados, pues, por la fe, tenemos paz
> para con Dios por medio de nuestro Señor
> Jesucristo. Romanos 5.1

No existe tener paz con nosotros mismos a menos que seamos justificados por la sangre de Jesucristo. No importa que estemos yendo a la iglesia; no importa que nuestro padre y nuestra madre sean cristianos de cepa, aún líderes; no importa que estemos en el grupo de alabanza de nuestra iglesia; no importa que lo sepamos todo. A menos que hayamos nacido de nuevo, no podremos tener paz con nosotros mismos y es obvio que no vamos a poder relacionarnos bien con nuestro prójimo.

Veamos, si no, lo que el apóstol Pablo dice a los gálatas:

> ... Jesucristo, por quien el mundo ha sido crucificado para mí y yo para el mundo.
>
> Gálatas 6.14

Si naciste en Marte, ¿qué eres? Marciano. Por más que te pintes de verde y te pongas una corneta en la nariz, no hay forma de adquirir esa ciudadanía si no naciste allí. Si naciste en Cristo, ¿qué eres? Cristiano. Cristiano es aquel que refleja el carácter, el propósito y la conducta de Cristo. Cristiano es aquel que permite que el Espíritu se manifieste y, en consecuencia, actúa con amor, con bondad, con paciencia y mansedumbre, no hace acepción de personas (Santiago 2.9), no juzga, no critica. Más bien, en todo momento acompaña y se preocupa por quien no está como él. Santiago nos habla así de la 'verdadera religión' (Santiago 1.27). Pablo dice:

> Los que somos fuertes debemos soportar las flaquezas de los débiles.
>
> Romanos 15.1

Resfriados

Así como el estornudo es un síntoma que indica que uno está resfriado, el cigarrillo, el pelo largo y el aro en los varones, y otras yerbas muchas veces indican que en el corazón hay cosas más profundas que están mal. El estornudo no es el problema o la enfermedad. No hay que contrarrestar este signo, sino erradicar la enfermedad que lo produce. Lo mismo con todas estas conductas. No son el problema en sí, y en vano dedicamos tiempo y energías para tratar de cambiarlas. Muchas veces hasta malogramos relaciones personales por tratar de cambiar cosas de afuera, cuando el problema es interno. Pueden ser síntomas de soledad, inseguridad, falta de ejemplo genuino, falta de amor, cicatrices de heridas del pasado que aún no han sido sanadas, y tantas otras cosas. Debemos prestar atención a qué tan importantes son las relaciones que tenemos los unos con los otros, y cómo debemos cuidarnos, no sólo físicamente, sino también espiritualmente, y servirnos los unos a los otros según el Espíritu de Dios.

La propuesta:

> No os embriaguéis con vino, en lo cual hay disolución; antes bien sed llenos del Espíritu, hablando entre vosotros con salmos, con himnos y cánticos espirituales, cantando y alabando al Señor en vuestros corazones; dando siempre gracias por todo al Dios y Padre, en el nombre de nuestro Señor Jesucristo. Efesios 5.18–20

En vano vamos a tratar de forzar el comportamiento correcto de afuera hacia adentro (eso es legalismo o religión), cuando Dios trabaja de adentro hacia afuera. Si alguien tiene vicios como el cigarrillo o el alcohol, y le decimos que no puede participar en la iglesia, es muy probable que su interior se rebele, porque no acepta ninguna ley. El apóstol Pablo explica a los romanos que la carne no se sujeta a ninguna ley, ni lo puede hacer (Romanos 8.7).

El hombre en pecado no puede cumplir ninguna demanda que Dios le proponga. No importa cuánta regla, obras y sacramentos le pongamos encima. Mientras no se remedie esa situación, ese conflicto interno tarde o temprano volverá a surgir. El pelo se puede cortar, pero con el tiempo vuelve a crecer. ¿Qué quiero decir con esto? Que lo que hay que hacer es cortar el suministro que mantiene a la actitud. Cortar el problema de raíz, y no simplemente podar las hojas.

Fijémonos en lo que dice Pablo:

> Si habéis muerto con Cristo en cuanto a los rudimentos del mundo, ¿por qué, como si vivierais en el mundo, os sometéis a preceptos tales como: No uses, no comas, no toques? Todos estos preceptos son solo mandamientos y doctrinas de hombres, los cuales se destruyen con el uso. Tales cosas tienen a la verdad cierta reputación de sabiduría, pues exigen cierta religiosidad, humildad y duro trato del cuerpo; pero no tienen valor alguno contra los apetitos de la carne.   Colosenses 2.20–23

Este pasaje nos dice muchas cosas, pero es fundamental entender el contexto en que Pablo hace esta declaración, en parte doctrinal y en parte práctica. La condición es haber muerto con Cristo (véase Gálatas 2.20; 5.24; 6.14). En tal condición, no tiene sentido ninguna regla religiosa; no nos va a hacer más santos o menos santos, y no nos va a privar de alguna de las libertades que tenemos en Cristo. Claro que estas cosas tienen la apariencia de una correcta santidad, pero no hacen absolutamente nada en la modificación (crecimiento) de nuestra vida espiritual. Al contrario, el querer imponernos tales cosas hace que la vida cristiana parezca más que aburrida, tediosa y para viejos.

Lo único que nos hace cambiar es haber muerto con Cristo. Esto es lo único que va a solucionar el conflicto interior, y no cuánta demanda impongamos exteriormente a una persona que muestra 'signos de rebeldía' en el contexto de la iglesia.

Dos bolsas

En este capítulo me referí a dos bolsas: La primera es la de los rebeldes. Si este es tu caso:

1. Hay cosas mucho más productivas contra qué descargar tu rebeldía: como dije antes, la mediocridad, la corrupción, la injusticia, la falta de paz y tú sabes qué más.
2. Deja de andar 'estornudando' para llamar la atención: el cigarrillo, la cerveza y demás actitudes de rebeldía. Habla sinceramente con tus líderes o tus amigos sobre lo que te pasa, y por encima de todo, con Dios.

La otra bolsa (la que volveremos a tratar en el capítulo Súper Saulo) es la de los jueces intolerantes; no olvides que tú también eres un pecador.

No existen algunos pecados más condenables que otros; para Dios no existe el pecado grande ni el pecado pequeño, la mentira blanca o de otro color. Pecado es pecado, y a eso hay que morir.

Para tener una nueva vida hay que morir a la anterior, no sólo desmayarse.

Pablo dice:

> Pues, si habéis muerto …

Y luego dice:

> Si, pues, habéis resucitado con Cristo, buscad las cosas de arriba, donde está Cristo sentado a la diestra de Dios.
>
> Colosenses 3.1

Lógicamente, para resucitar (nacer a una nueva vida) primero hay que morir, *y muerte no quiere decir somnolencia ni desmayo*. Muerte es una separación total de todo lo que es pecado, y no sólo de estornudos. Luego viene la otra vida, la que Dios quiere que disfrutemos sobre esta tierra, la que está cargada de bendiciones y poder de Dios. Y te aseguro que esto sí es vida… ¡De aburrida no tiene un segundo!

8. Perdiendo el control

Porque si *vivo* conforme a la carne, *moriré*; pero si por el Espíritu *hago* morir las obras de la carne, *viviré*.   Romanos 8.13

¡Descontrol! Escuchamos esta palabra y en seguidita algunos toman aire, los ojos se les ponen rojos, la adrenalina comienza a correr, y todo parece tomar otro ritmo. Te encanta, ¿o no?

¿O acaso no te agrada cuando en el colegio la profesora falta y en esa hora libre se arma una guerra de tizas que parece el Armagedón? Dime también si no te gusta cuando en la iglesia la alabanza se pone bien movidita. Qué hablar, si te gusta el fútbol, cuando la hinchada comienza a correr; sientes que la sangre se calienta en tus venas. Y si eres rockero, el 'pogo' (danza descontrolada *heavy metal*) te parece alucinante. Como estos hay muchos otros ejemplos que revelan que, sobre todo, a los jóvenes, nos gustan las cosas (específicamente, las emociones) fuertes. Muchas veces sentimos que (solamente) ahí podemos expresarnos libremente, sin trabas y sin que nadie nos ande sermoneando.

Por otro lado, ¿alguna vez te pusiste a mirar y a reflexionar sobre el hecho de que tantas publicidades estén dirigidas a chicos de tu edad? Pareciera que están diciendo lo que deseas escuchar: 'Haz lo que te plazca'; *'Just do it'* (Sólo hazlo); 'Cuidarte es quererte'; 'Sé todo lo que quieras ser'... y tantas otras. Es como si comprendieran tus ganas de expresarte.

¿Qué pasa por dentro?

Hay momentos en que necesitamos saltar, gritar y sacar toda esa fuerza contenida que llevamos adentro, ¿o no?

De un tiempo a esta parte, dentro de ti se produjeron muchos cambios. Tu cuerpo cambió, te desarrollaste, y empezaste a tener otra perspectiva de la vida, de la sociedad, de tu familia y, sobre todo, de ti mismo. Te empezaron a interesar otras cosas, y la vida ya no se pudo vivir sin un grupo. Ya sabes: el del colegio, el del club, el de la iglesia, otros, o varios a la vez. En el grupo comenzaste a experimentar la fuerte necesidad de sentirte aceptado, querido, y todo esto comenzó a transformarse en una presión: la de ser como los demás. (Quizás esto ya te haya pasado. Pero sin duda la adolescencia te marcó, como lo hizo conmigo, de tal forma que quedaste programado para actuar de determinadas maneras.) Comenzó a gestarse en tu interior una lucha entre esta presión (ser como los demás) y el impulso de expresarte, de ser libre, de mostrarte vos mismo, independiente de cualquier cosa que te digan (ser tal cual eres).

Alguien más

Hay una cosa que debemos saber y entender. Alrededor de nosotros hay toda una sociedad que sabe lo que nos pasa y quiere aprovecharlo. Es la sociedad de consumo, de la que ya hemos hablado en el primer capítulo, que intenta enriquecerse a costa de presionarnos y hacernos creer que si no tenemos esto o lo otro (que ellos producen) no existimos. Obviamente, lo hacen pensando sólo en llenar sus bolsillos.

Pero también hay alguien más, interesado en llenarnos la cabeza de 'vacío' y el corazón de descontrol: Satanás.

Hace muchos años, un filósofo dijo: *'Pienso, luego existo.'* Pero hoy eso está fuera de onda. La onda es: *'Siento, luego actúo.'* Los locutores de radio y los conductores de televisión no paran de decirlo; las canciones hablan de escuchar al corazón: si uno lo siente... bueno, que lo haga. De esa manera, uno se encuentra presionado a hacer lo que siente, y la palabra 'pasión' se ha convertido en una palabra de moda. *'La vida es corta y hay que vivirla... ¡qué tantas prohibiciones ni prejuicios!'*

La táctica enemiga y la de Dios

La Biblia dice que no debemos ignorar las maquinaciones, las tácticas con las que opera el enemigo. Si viniera con gran bandera y fanfarria, diciéndonos lo que va a hacer, obviamente vamos a reaccionar. Pero ahí está la sutileza ante la cual tenemos que estar atentos: la tentación viene con traje de princesa.

Cuando el ser humano cayó, su espíritu quedó incomunicado con Dios; aún cuando no desapareció o dejó de funcionar, lo cierto es que dejó de funcionar en la forma y con la autoridad que su diseñador le había adjudicado.

Una de las áreas del espíritu es la conciencia. Dice la Palabra que la conciencia de algunos pecadores está 'entenebrecida', y la de otros 'cauterizada' (es decir, menos sensible que el personaje Freddy Krüeger).

En realidad, la conciencia es como la piel: si uno se acostumbra a llevar un portafolios o algo en su mano, con el correr del tiempo se forma un callo, una medida protectora que el mismo cuerpo genera para evitar la destrucción del tejido epidérmico (si no lo crees, mírale los pies a tu abuelita). En las conciencias también se pueden producir callos. Cuando te acostumbras a una mala actitud (pecado), aun cuando al principio sientas rechazo, con el tiempo llegará a parecerte normal. ¿Por qué? Porque te has insensibilizado.

¿Nunca viste en dibujos animados o en películas cómo el ladrón de cajas fuertes se pasa un papel de lija sobre las yemas de los dedos? ¿Para qué lo hace? Para afinar la piel (sacar cualquier callosidad), y obtener mejor sensibilidad a los 'clicks' de la combinación que quiere violar. De la misma manera, nuestra tarea es sensibilizar nuestras conciencias para saber discernir cuál es la voluntad de Dios en cada circunstancia. Nuestra conciencia ya ha sido santificada (si es que hemos nacido de nuevo): ha sido puesta aparte para poder captar la frecuencia de Dios (Hebreos 9.13-14).

La persona no nacida de nuevo tiene conciencia, pero no funciona como Dios quiere que lo haga. La conciencia del no nacido de nuevo está moldeada por la cultura, o aun la micro-cultura que rodea a esa persona. Por el contrario, la conciencia del nacido de nuevo es progresivamente moldeada por la Palabra de Dios.

La conciencia nos va a decir 'Sí' o 'No', 'Todo ok' o 'Está mal'. Pero no nos va a dar razones por las cuales está bien o está mal, o por las cuales algo andará bien o andará mal. Algunas veces sentiremos (o hemos sentido) que tal compañía o tal lugar no era el más adecuado, y nos sentiremos incómodos. ¿Qué sucede? Es el Espíritu hablando a nuestro espíritu.

¿Adónde quiero llegar con tanta explicación? (Ya sé que es pesada, pero también es necesaria.) A que cada vez es más difícil distinguir entre el bien y el mal. Antes era blanco o negro; ahora hay toda una gama de grises, y es imperceptible la diferencia entre gris y gris. El único ojo que puede discernir con claridad es el ojo de Dios. Por eso es importante tener una conciencia limpia, en comunión con Dios, para que nos hable y nos dé el discernimiento que necesitamos.

¿Cómo quiere controlarnos Satanás, al tiempo que nos descontrola de nuestra comunión con Dios? Su táctica es marearnos hasta dejarnos como Adán en el día de la madre, para que estemos distraídos, mirando un millón de cosas y 'concentrados' en veinte mil, y quizás poder meter el anzuelo con la carnada, para que nosotros digamos 'sí' a sus maquinaciones.

Tres pensamientos en el anzuelo:

1. Que todos lo hagan, o todos lo digan, o todos lo miren (según el área) es el primer paso para que des el 'sí'.

2. Es importante asustarte (con o sin amenaza) con que si no lo haces (es decir, te le escapas en el paso 1) vas a ser rechazado por el grupo (que puede ser toda la sociedad).

3. Generalmente, tus sentimientos y tus ganas de hacerlo (Satanás juega con nuestras debilidades) terminan siendo la confirmación final.

Lo primero que debemos recordar es que no porque todos hagan o digan algo, eso debe ser correcto. Uno puede ser sincero en lo que hace o dice, pero puede estar sinceramente equivocado. Al principio hablábamos de independencia. ¿Qué tal este desafío de independizarnos de lo que todos dicen, hacen o miran?

Con respecto al 'todos', nunca son *todos*. Acá influye mucho (y miente) la propaganda. Nos hace creer que ya todos lo usan, que ya todos están en conocimiento, que si no estás en esta ya estás desubicado, etc. La idea es apurarte a entrar en la onda, o te quedas atrás. Esa es la alternativa opresora que la 'bolsa' consumista nos impone.

Otra cosa que debemos saber acerca del 'todos', es que una propaganda siempre afecta a un grupo de personas, pero a otro no, porque la edad o la cultura son diferentes. En consecuencia, las propagandas están adaptadas para afectar la sensibilidad del grupo al que van dirigidas. Cuando te dicen, por ejemplo, que *'ya todos lo usan'*, en realidad más cierto sería decir que *'un grupo relativamente pequeño, relacionado con tus intereses, edad y cultura puede ser satisfecho por este producto'*. Naturalmente, el aviso no cumpliría su objetivo, porque no vendería.

No en pocos casos se han usado mensajes subliminales para atrapar compradores. Al principio dijimos que uno puede tener diez *jeans*, pero aparece una nueva marca que puede ser lo extravagante, lo incómodo, lo ridículo, lo que salió de fábrica por error. Pasa: hay un tipo de vino que salió —'¡Gran novedad!'— porque se quemó la cosecha de uvas y había que venderlas como sea. Entonces ahí viene la presión de la propaganda, porque detrás hay varios millones invertidos.

¿Qué debemos hacer nosotros, como cristianos? En principio, tengamos presente lo que la Biblia nos dice:

> Porque no nos ha dado Dios espíritu de cobardía, sino de poder, de amor y de dominio propio.   2 Timoteo 1.7

Este texto nos habla de tres áreas en las que podemos relacionarnos. ¿Qué quiere decir este versículo? Que a través del Espíritu Santo que vive en nuestros corazones *tenemos el poder necesario* para controlarnos. Tenemos poder para dominar nuestros pensamientos cuando no vienen de Dios; tenemos poder para ser generosos cuando el cocodrilo del bolsillo nos dice que no ofrendemos; tenemos poder para dominar nuestras ganas de extirparle de un golpe la sonrisa a nuestra hermanita cuando nos usa la ropa, y tantos otros casos que nosotros conocemos y en los que necesitamos el dominio del Señor.

La segunda área del Espíritu es el amor. Dios tiene un cargamento de amor para que podamos perdonar a otros, y para que nos podamos controlar, por amor a lo que les pasa a los demás.

Tercero, nos dio dominio propio. No estamos habilitados para decir que no podemos reaccionar de otra forma a los insultos o a la violencia. Tienes una voluntad soberana, tienes libre albedrío, y nadie excepto Dios te puede decir cómo debes reaccionar (qué es lo que debes decir, ver, hacer o comprar).

Dijo Daniel: *'He propuesto en mi corazón no contaminarme con la porción del rey'* (Daniel 1.8). ¿Qué nos enseña esto? Justamente lo que venimos diciendo. Daniel y sus compañeros estaban siendo amenazados por la presión que ponía el rey con su anuncio. Pero Daniel no se dejó asustar. Él conocía a su Dios, y se propuso en su corazón seguir con esa política, y no cambiarla por lo que el poderoso rey le ofrecía.

'Sí, hermano, eso es muy lindo, pero yo no lo siento', me puede decir alguno. ¿Y quién dice que hay que sentirlo? Yo tampoco siento el esperar a que el semáforo se ponga en verde... Si algo pone en claro el pasaje de Daniel, es que no se trata de un sentimiento sino de un acto de la voluntad. Seguro que Daniel miró lo que comía la gente del rey y sintió ganas de tragarse hasta los cubiertos, pero lo que persiguió fue agradar a su Dios.

> **Perdonar, ser generosos, controlarnos, sonreír... Todo es posible con el Espíritu Santo.**

El problema del hombre caído es que el alma, con sus sentimientos, quiere gobernar a la persona integral, cuando es el Espíritu el que debe hacerlo. ¿Nunca escuchaste: *'Pues no caminamos por vista, caminamos por fe'*? (2 Corintios 5.7). No debemos guiarnos por lo que sentimos, sino por fe en la Palabra. Luego sí, los sentimientos van a venir a acompañarnos. No hay una experiencia de regocijo más 'chévere' (como dicen los venezolanos) que la que uno siente después de haber cumplido la Palabra de Dios. Dios es la fuente de todos esos sentimientos, y sólo puede canalizarlos cuando le obedecemos.

El individualismo

¿Qué sucedería si todos nos pusiéramos a hacer lo que sentimos (independientemente de lo que otros sienten o esperan), o a seguir sólo esas cosas que pensamos que necesitamos? Generaríamos alrededor de nosotros una desconfianza tal que *ninguna* relación sería confiable. Si esto pasara, cada uno se aislaría tanto por miedo al otro, que echaríamos a perder nuestra capacidad de relacionarnos.

Veamos un ejemplo, tal vez exagerado, pero bastante claro. Mañana tu padre ve que la vecinita de enfrente se puso una minifalda increíble, y 'siente' que se tiene que ir con ella al carrusel. Tu madre 'siente' que el plomero que vino a hacer unos arreglos es el hombre de sus sueños, y que también se tiene que ir con él. ¿No perderían la confianza entre ellos? ¿No se rompería la relación? Y estas dos personas ajenas a la familia al saber lo que tus padres han hecho, ¿no temerían que lo hagan nuevamente, en el futuro, con ellos? Esto se transformaría en un círculo vicioso en el que nadie confiaría en nadie. *'¡Ey, hermano! ¡Qué ejemplo me estás poniendo!'* El hecho de que no te haya gustado o te haya resultado chocante el ejemplo se debe a que involucra a tus padres, y eso no te agrada nada... Puede que tus padres nunca pensarían en hacer tal cosa. ¿Y tú? *'Yo no estoy casado, chico.'* ¿Y qué tiene que ver? El punto no es estar casado o soltero, sino ver cómo una acción impulsiva, un deseo desenfrenado, una mirada descontrolada, una palabra no dicha pensando sólo en la propia gratificación, genera desconfianza.

Esto es lo que el diablo quiere lograr: que seamos tan egoístas e individualistas que pensemos sólo en nosotros mismos, y echemos a perder nuestras relaciones.

Los impulsivos

Aunque a simple vista pareciera que las personas impulsivas son las de carácter más fuerte, estas son las más fáciles de dominar. ¿Por qué? Porque encontrando el estímulo adecuado se las puede hacer reaccionar convenientemente. Es acá donde está la importancia de tener una conciencia limpia y en comunión con Dios, porque cuando está distorsionada, el diablo encuentra un camino más fácil para el éxito de su ataque (tentación). Leamos lo que dice la Biblia:

> Cada uno es tentado, cuando de su propia
> pasión es atraído y seducido. Entonces
> la pasión, después que ha concebido,
> da a luz el pecado; y el pecado, siendo
> consumado, da a luz la muerte.
>
> Santiago 1.14–15

El diablo no sabe lo que piensas ni lo que sientes. No sabe lo que tienes en la cabeza (a menos, claro está, que él mismo lo haya puesto). Es más, él no sabe si va a tener éxito cuando tienta a alguien. Pero lo que sí tiene es una experiencia de más de 6.000 años tratando con millones y millones de hombres y mujeres que estructuralmente son iguales. En su experiencia ha encontrado tres tipos de personas: los que le pertenecen (los no regenerados por la sangre de Jesús), Jesús, y los que ha perdido (los que ahora pertenecemos a Jesús).

Pensemos en Jesús. El problema con el cual se enfrentó el diablo al tentar a Jesús fue que ninguno de los estímulos que le propuso lo hizo reaccionar de la manera que él esperaba. ¿Por qué no reaccionó? El diablo se estaba enfrentando con una persona que no conocía el pecado. Satanás no tenía experiencia en tentarlo a él como la tenía con el resto de los hombres y mujeres. Solamente había habido un caso parecido, Adán, quien había fallado y por quien la serpiente sigue 'dándose aires de triunfo'. El diablo agudizó el ingenio con Jesús. Pero esta vez, no resultó.

El diablo quiere dispararnos dardos de duda, y nosotros tratamos de olvidar esa vida interior que llevábamos.

Lo cierto es que nosotros somos los únicos responsables de pecar. *'Ey, amigo, el diablo me tentó.'* Sí, el pobre es lo único que puede hacer; pero el ceder o no está en nosotros. Recordemos lo que Dios le dijo a Caín: 'El pecado está a la puerta, acechando. Con todo, tú lo dominarás' (Génesis 4.7).

Volvamos, entonces, a lo de la conciencia limpia. ¿Cómo sabía José que cometer adulterio con la esposa de Potifar era pecado (Génesis 39.9)? *'Y, por los Diez Mandamientos.'* ¡ERROR! Dios todavía no había dado los Diez Mandamientos; nunca había dicho *'No cometerás adulterio'*. José tenía una conciencia limpia, gracias a su comunión con Dios, que lo ayudó a no ceder a la tentación, porque sabía que hacer eso hubiera sido ofender al Dios de sus padres, a quien él amaba.

Ceder a la tentación es pasar a ser esclavo del pecado (Juan 8.34). Si el diablo te disparó un dardo y tú cediste a él, entonces dice *'¡Ajá, te atrapé! A ese impulso cediste; este es tu punto débil. Por acá te destrozaré'*. Tú te arrepientes; Dios te perdona. Pero es muy probable que tarde o temprano, el mismo dardo vuelva a ser arrojado contra ti. ¿Por qué? Porque lo único que el diablo sabe es que por ese lado alguna vez te dijo derribó. Cuando le hagas entender que no hay vuelta de hoja, que has muerto a ese impulso, no te disparará más con ese dardo (¿para qué dispararle a un muerto?). Esto no quiere decir, sin embargo, que se dará por vencido (es más molesto que un mosquito zumbando a medianoche). Pero deberá buscar otra forma.

La conciencia limpia te dará discernimiento acerca de lo que agrada a Dios y de lo que no. Será un constante *'cuidado',* una constante alerta que tendrás cuando te enfrentes a la tentación.

Dominando la bronca

'Sí, sí, todo maravilloso, hermano…, pero, ¿y cuando lo que se nos descontrola es el enojo? ¿Cuando no nos dejan hacer algo por lo que estábamos esperando hace mucho tiempo; cuando nos contestan mal; cuando no nos dan explicaciones…?' La lista sigue y sigue… ¡claro, queremos explotar!; nos da ganas de transformarnos en caníbales y comernos al agresor.

En casa, en el colegio, en la calle, muchas veces nos resulta difícil controlar nuestro enojo. Algunas reacciones pueden ser más violentas que otras, pero lo cierto es que ¿para qué sirven? Descargamos lo que sentimos ¿y qué logramos? Enfurecer al otro. Ese otro hace lo mismo, y así sucesivamente. ¿Qué logramos, sino empeorar las cosas? ¿Por qué no controlarnos y cortar esa reacción en cadena desde el primer eslabón? *'Hermano, yo no puedo controlarme'*. Esta es siempre la excusa. Miremos un poco la Biblia:

> No os ha sobrevenido ninguna prueba que no sea humana; pero fiel es Dios, que no os dejará ser probados más de lo que podéis resistir, sino que dará también juntamente con la prueba la salida, para que podáis soportarla.   1 Corintios 10.13

No tenemos excusa; Dios es fiel y cumple su Palabra, de modo que todo lo que viene a nosotros está bajo su control. Dios pretende que nosotros también dominemos la situación, pero lo primero es dominarnos a nosotros mismos, para que la situación no nos domine. Esto se llama *dominio propio*.

'Dominius propius' y disciplina

Si somos sinceros, el dominio propio nos sigue pareciendo algo tan serio como este subtítulo. Debería ser pronunciado con respeto, muy lentamente, impostando nuestra voz, con tono de iglesia medieval. Pero si a esto se suma la palabra 'disciplina', ya te dan ganas de cerrar el libro. Tranquilo, lo cierto es que ambas cosas hacen una muy buena combinación, y una combinación necesaria para nuestro crecimiento espiritual.

La superficialidad y la mediocridad son dos de las peores maldiciones de nuestra era. Nada que requiera tiempo y esfuerzo parece valer la pena; todo debe ser ya y ahora.

Es más que sabido que practicar cualquier deporte con profesionalidad requiere disciplina. Ningún destacado tenista o futbolista ha conseguido sus logros sin esfuerzo cuando nadie lo aplaudía. El apóstol Pablo compara la vida cristiana con los juegos olímpicos de aquellos tiempos: abstinencia, duro entrenamiento, jugar en regla, peligro de ser descalificados, corona para el ganador, etc. La disciplina hace a nuestra capacidad de ser entrenados y enseñados. Nos habla de constancia, de sujeción a las reglas del juego y de esfuerzo por competir y ganar.

'Bueno..., pero el Señor ya viene; está todo bien ... ¡qué disciplina ni disciplina!' Tiempo atrás, un mal entendimiento de que 'Cristo viene pronto', hizo que muchos se despreocuparan de sus responsabilidades (¡esta es otra de esas palabritas de 'la lista negra'!). Esta es justamente la razón de la segunda carta a los tesalonicenses. Algunos de ellos se estaban dedicando a la holgazanería, abandonando sus trabajos y responsabilidades.

> **Me niego a creer en un cristianismo que no sea más emocionante que jugar a la mancha.**

Dios quiere que nos comprometamos en la vida cristiana. Que no vivamos en la superficie, en la orilla, sino mar adentro. No hay cosa más aburrida que un cristianismo superficial. Si no hay verdadero compromiso, tarde o temprano se vuelve una carga o una religión medieval.

La vida cristiana requiere dominio propio y disciplina, y esto no es sinónimo de aburrimiento. *Me niego a creer en un cristianismo que no sea más emocionante que jugar a la mancha.*

La vida cristiana necesita que entrenemos. No le demos al mundo, o al dios de este mundo, la respuesta que él espera (Gálatas 6.14).

Dios en la torre de control

Luego de la llegada del Espíritu Santo, los discípulos se convirtieron en una banda enardecida de testigos del poder de Dios. Declaraban por todas partes el poder de la resurrección de Cristo y la voluntad de Dios de que todos los hombres se arrepintieran (Hechos 2–4). Dios no puede usar a reprimidos con cara de pena para su cruzada de amor a los hombres. Tampoco a los que están controlados por los impulsos que el enemigo envía. Primero tenemos que librarnos de Satanás, comenzar a ser sensibles a los impulsos del Espíritu Santo, y así dejarnos 'controlar' por él.

Es maravilloso que tengas una gran energía dentro de ti, y es válido que la quieras liberar, sobre todo en la adolescencia. Esto es lo que se llama 'liberarse'. También se habla de 'emanciparse', 'independizarse', etc. Pero para usar provechosamente nuestra vida, debemos saber cómo canalizar adecuadamente esa energía. La idea no es explotar descontroladamente o destructivamente, como un volcán, sino encauzar esa energía hacia algún propósito. Esto nos va a ayudar a cumplir dos cometidos: primero, no perder lastimosamente tiempo ni energías; segundo, no frustrarnos al sentirnos vacíos por no haber empleado eso que teníamos. Por ejemplo, un tanque de gasolina encierra una gran energía: basta poner un fósforo encendido cerca y ¡pum! Usando la misma energía en forma controlada, la gasolina va produciendo pequeñas explosiones y hace funcionar el motor de un auto. La misma gasolina y el mismo fuego, pero liberados en formas diferentes.

¿Cómo lograrlo en tu vida? *Dominio propio y disciplina*. Si no sabes, pídele a Dios con humildad que te ayude. Recuerda que el dominio propio es parte de los frutos del Espíritu (Gálatas 5.23), y que Romanos 8.13 dice: 'Si por el Espíritu hacéis morir las obras de la carne, viviréis.' ¿Deseas vivir la adolescencia con plenitud? En el Espíritu Santo está la solución que buscas; es a él a quien necesitas. Ahora bien, este control de Dios sobre tu vida no se logra de la noche a la mañana. Puede haber muchos tropiezos. El secreto es no abandonar la carrera. Debemos mirar siempre hacia la meta prometida por el Señor, y recordar que sin lucha no hay victoria.

No nos dejemos atrapar. Que nadie se aproveche de nuestras ganas de divertirnos presentándonos anzuelos con carnadas estándar que no se pueden comparar con el de Cristo. No dejemos que nos inciten con desafíos a demostrar nuestra valentía y a descontrolarnos (*'Si eres valiente, entonces...'*). Esto me suena a una vocecita muy conocida: 'Si eres Hijo de Dios ...' (Mateo 4.3, 6; 27.40). No permitamos que se nos vuelva a controlar con tontas sutilezas.

La carnada puede aparentar ser muy sabrosa, pero una vez mordido el anzuelo sabrás que era nada más que eso: una carnada, una trampa. Te sentirás muy mal, vacío, engañado. Que el mundo comience a apreciar lo que eres, y comience a anhelar lo que tienes en tu corazón. Que el vacío de ellos no te conquiste a ti, sino que tú puedas salpicarlos a ellos con tu llenura. Esto demanda disciplina y autocontrol. Y te aseguro, ¡el gozo que producen no se puede describir con palabras!

Sin tratar de ser sabios en nuestra propia opinión, que podamos usar la cabeza y al mismo tiempo filtrar nuestros impulsos con el amor que Dios puso en nuestros corazones. ¡Y amigos..., esto sí va causar impacto!

Terminado este capítulo, recordemos: nadie es responsable por nuestra vida. Nuestros padres tienen una responsabilidad doméstica hasta cierto punto de nuestra crianza, pero cuando estemos ante el tribunal de Cristo, ahí no habrá padres o madres tras los cuales nos podamos excusar. No habrá compañeros de colegio, ni hermanos de la iglesia en quienes nos podamos disculpar. Nadie, excepto tú, es responsable por tu vida delante de nuestro gran Dios.

9.
¿Quieres ser mi amigo?

Jesús *me* dijo, ¿me amas más que estos?
Juan 21.15

Cuando las cosas no salen como esperamos, cuando alguien nos juega una mala pasada, cuando las cosas en casa no son como quisiéramos, ¿quiénes deberían estar con nosotros? Obviamente: nuestros amigos.

Recuerdo una oportunidad cuando estuve predicando por el Brasil mientras muchos de mis amigos estaban disfrutando de un campamento. Los extrañé tanto que hasta pensé con cariño en esas cosas que, cuando las hacen me dan ganas de volver a la época de la inquisición y ponerlos en el cepo. Qué importante es cada uno de los que nos rodean, con su tan exclusiva forma de ser, con sus cosas positivas, esas que nos hacen reír y sentirnos queridos, y con las otras…, las del cepo.

A mí me costó bastante tener amigos de verdad, a pesar de que a los trece o catorce años hablaba muchísimo. Tenía compañeros con los que me reunía en el colegio, en el barrio, en el club y la iglesia; pero cuando quería compartir las cosas que realmente me importaban, no tenía a nadie que me escuchara.

Esperaba que los demás se acercaran, y para lograrlo buscaba ser aceptado por el grupo. ¿De qué hablo? De vestirme como todos, usar las mismas marcas de *jeans*, las mismas zapatillas, el corte de pelo de moda, absorber toda la información sobre las bandas de rock preferidas, y todo lo necesario para ser considerado parte del grupo. Pese a todo esto, me daba la impresión de que nunca lo lograba, siempre había algo más por hacer, y algo más por ocultar…

Me daba mucha vergüenza tener que decir que no en diferentes situaciones. Terror me daba que se rieran de que yo era cristiano.

A los demás no les cuesta

Una y otra vez hablé con chicos que me confesaban que a ellos les costaba más que al resto acercarse a alguien. Natalia parecía tener este problema. Su hermana mayor acaparaba toda la atención por ser, según ella, la más linda, la más simpática, la más popular, etc.

Un día me tocó predicar en una iglesia cercana a la de ella, y hablé de la envidia entre hermanos. Al terminar la reunión, vino Natalia con los ojos llenos de lágrimas a confesar esos sentimientos. Lo que más le molestaba era no poder tener amigos como su hermana. Tuvimos que ponernos a ordenar todo lo que voy a tratar de volcar en este capítulo, y a redescubrir en ella misma qué tenía para ofrecer a cambio de su amistad. (Les cuento, como anécdota, que su hermana vino meses después a decirme que tenía el mismo problema; no todo es como parece.)

Mi amigo

Cuando estaba entrando en la adolescencia, conocí en LAPEN (Liga Argentina Pro Evangelización del Niño) a un joven totalmente distinto a mí. Habíamos sido criados en forma completamente diferente. Él vivía en Campana, a 70 km de Buenos Aires, y yo estaba en un colegio inglés de alta categoría en el que nos 'insinuaban' que éramos superiores al resto.

Obviamente, él y yo nos vestíamos y hablábamos en forma diferente. Pertenecíamos a mundos completamente distintos. En un comienzo, a ninguno de los dos nos resultó atractiva la persona del otro, y para peor comenzamos a encontrarnos bastante seguido. El tiempo pasó, y llegó un momento crucial: inevitablemente teníamos que compartir una actividad los dos solos. Él era mucho más maduro que yo, y me propuso que oráramos para que Dios hiciera en ese tiempo una obra en nosotros. Oramos para que los dos pudiésemos tirar para el mismo lado. No fue fácil hacerme esta propuesta (por aquel entonces me faltaba bastante más en las cosas del Señor, y no era de los que aceptaban cualquier propuesta). Decidimos hacerlo en serio, y el Señor contestó.

Pasaron muchos años. Hoy, Germán, que es el nombre de mi amigo, es como mi hermano; con él comparto mis sueños y mi ministerio en L.A.GR.AM.

¿Por qué te cuento esta historia? Porque aprendí que aunque se hagan amigos al andar, tenemos que tomar la decisión de a quién y cómo vamos a ofrecer nuestra amistad de una manera incondicional. Tenemos que decidir cuánto vamos a sacrificar de nuestro tiempo, nuestros sueños y nuestras cosas, para poder formar una amistad genuina.

No más huelga

Si piensas que no tienes amigos, es hora de dejar de tener los brazos cruzados, y disponerte a dar. Dando vuelta Proverbios 18.24, encontramos que: 'El hombre que tiene amigos debe ser amistoso.'

Jesús enseñó, en el Sermón del Monte:

> Así que todas las cosas que queráis que
> los hombres hagan con vosotros, así también
> haced vosotros con ellos, pues esto es la
> Ley y los Profetas.   Mateo 7.12

Todo lo que esperamos que los demás hagan con nosotros, debemos hacerlo nosotros primeramente con ellos. Esto es más que el conocido dicho: *'No hagas a los demás lo que no te gustaría que te hagan a ti.'* Aunque parezca razonable y justo, este dicho, pre-cristiano, es esencialmente egoísta. Enseña a buscar el propio bien, a no hacer a otros algo que supuestamente vendría luego sobre nosotros. La actitud que propone este dicho es pasiva y defensiva.

El perfil que debe presentar un hijo de Dios es mucho más amplio. Este tiene que ser activo y agresivo (en el bien, se entiende). Jesús, sabiamente, dio vuelta ese dicho, para que los cristianos tomaran una decisión de hacer, de dar o de entregar a otros algo de ellos mismos. Una actitud positiva: *querer* hacer el bien o buscar el bien de otros. Jesús fue más allá. Su idea fue hacer el bien a los demás, sin esperar que los demás hagan nada por uno. El cristiano no debe esperar reaccionar con el bien, sino accionar. ¿Qué quiero decir?

Una de las características de la personalidad de Jesús es que él no reaccionaba, sino que 'accionaba'. Jesús no respondía en la misma esfera o nivel del cual recibía los estímulos. Él inmediatamente accionaba en un nivel superior. En ese nivel ponía la verdad o el principio, la conducta o la palabra adecuada. Jesús les daba directamente lo que sabía que ellos necesitaban.

De la misma manera, nosotros no debemos esperar para reaccionar al bien que nos hacen, y así hacer el bien (aunque esto también nos cause gozo); debemos adelantarnos y tomar la iniciativa. ¿Estamos listos?

Amigos y amigos

Sabemos que hay amigos y amigos. Es muy común escuchar: '¡Sí, yo tengo muchísimos amigos!' o '¡Ayer salí con una amiga mía!' Siempre escuchamos expresiones de este tipo. Pero, ¿qué es la amistad? ¿Son todos esos realmente amigos?

Si recordamos a nuestro archi-enemigo Satanás, que nos la tiene jurada, y asumimos que él no es para nada creativo, podremos fácilmente entender que la amistad que el mundo conoce es una vil (pervertida) imitación de la amistad que Dios creó. Si hay un libro que habla de la amistad verdadera, es la Biblia. Si hay un lugar a donde podemos ir a buscar las bases para una buena y sólida amistad, es la Biblia.

La amistad es mucho más profunda de lo que piensas. En la escuela se usa la palabra 'amigo' por 'compinche'; no siempre se comprende qué quiere decir ser amigo. Con los 'amigos' se comparten momentos, travesuras, emociones, inconsciencias, etc. Si uno acompañó a otro, entonces *'es un buen amigo'*. Esta amistad tiene poco futuro...

La Biblia nos habla de una amistad mucho más confiable. Basta ver lo que Jesús mismo dijo a sus discípulos:

> Ya no os llamaré siervos, porque el siervo no sabe lo que hace su señor; pero os he llamado amigos, porque todas las cosas que oí de mi Padre os las he dado a conocer.
>
> Juan 15.15

Estamos hablando nada más y nada menos que del gran Jesús, el Maestro de maestros, quien durante su ministerio terrenal sanó, liberó, alimentó y enseñó a miles, para más tarde darles la salvación a todos los que en él creyeran. Notemos esto: no todos los que recibieron los beneficios de Jesús fueron sus amigos, como tampoco lo fueron todos los que en él creyeron. Aún más, sorprendentemente, no todos los que él escogió como apóstoles para que estuviesen con él fueron sus amigos (Judas Iscariote fue 'de los doce'). Jesús mismo no tuvo más que un puñado de amigos. Pero eso sí, para compartir con ellos *todo*.

Si volvemos al proverbio que mencionamos hace unas líneas (Proverbios 18.24), vemos que este continúa diciendo: '... y amigos hay más unidos que un hermano'. La amistad puede ir incluso más allá y ser más profunda que la hermandad. Si nos pusiéramos a pensar un poco en lo que implica esto, nuestro parecer cambiaría por completo.

¿Quién conviene que sea mi amigo, y quién no? Veamos lo que dice Pablo en 2 Corintios 6.14: 'No os unáis en yugo desigual con los incrédulos.'

'Pero, ¿¿no se refería esto al matrimonio?!' Tenemos que distinguir nuestra actitud y objetivos para con los de afuera y para con los de adentro. Nunca voy a poder tener la misma afinidad con un hermano que con aquel que no lo es. *'¡Pero si con aquella muchacha yo me llevo muy bien!'* Una amistad que no es cristocéntrica pasa a ser 'egocéntrica'. Leamos lo que Pablo sigue diciendo: '¿Qué compañerismo ...? ¿Y qué comunión ...? ¿Y qué armonía ...? ¿Y qué parte ...? ¿Y qué acuerdo ...?' (2 Corintios 6.14–16). Pregunto: ¿puede haber realmente amistad si no podemos compartir algo que debería ser esencial en nuestra vida? No nos guiemos por las apariencias, sino por el sabio consejo que Dios nos da.

'Entonces, ¿qué debo hacer?' Con el hermano tienes las puertas abiertas para forjar una amistad. (Con esto no quiero decir que todo hermano sea un candidato para ser el amigo que necesitas o quieres.) Pero con el que no lo es, tu *primera* misión no es formar una amistad (con todo lo que ello significa), sino comunicarle el evangelio de salvación. Si él o ella rechaza el mensaje, tampoco te apresures a decir: *'Bueno, ya cumplí. Le di el mensaje y él o ella lo rechazó. ¿Puedo ahora ser su amigo o amiga?'* Aun sigue siendo no cristiano. Si estás preparado para darle tu amistad, quiere decir que lo amas profundamente y estás dispuesto a entregarte por él. Bueno, ¿qué tal si comienzas por darle lo más importante? ¿Vas a perseverar en la oración por su salvación, o simplemente vas a decir *'Bueno, voy a seguir con mis asuntos, se terminó. ¡Basta de ocuparme!?'* ¡Sin ser amigo todavía, la primera prueba de amistad no la pudiste superar!

> Nadie tiene mayor amor que este,
> que uno ponga su vida por sus amigos.
>
> Juan 15.13

Hay muchas cosas que no elegimos tener: nuestra vida, nuestra familia, y, en cierto modo, nuestros compañeros. Pero a los amigos los eliges tú. No te equivoques. Tu amistad vale oro, porque en ella está tu vida, que ha sido regenerada por la sangre de Jesús. El hecho de que, como cristiano, tengas que estar dispuesto a ayudar a todos, es otra materia.

Cuando ya los tengo

En el Nuevo Testamento hay una frasecita que está repetida muchas veces: *unos a otros*. Seleccioné doce de estas citas para que las consideres:

Ámense como hermanos los unos a los otros, dándose preferencia y respetándose mutuamente.
Romanos 12.10

No nos juzguemos más los unos a los otros.
Romanos 14.13

Acéptense los unos a los otros.
Romanos 15.7

Preocúpense los unos por los otros.
1 Corintios 12.25

Sobrelleven los unos las cargas de los otros.
Gálatas 6.2

Sopórtense unos a otros.
Perdónense unos a otros.
Colosenses 3.13

Anímense unos a otros.
1 Tesalonicenses 4.18

Exhórtense los unos a los otros.
Hebreos 3.13

No hablen mal unos de otros.
Santiago 4.11

No se quejen unos contra otros.
Santiago 5.9

Confiésense unos a otros sus pecados.
Oren unos por otros.
Santiago 5.16

Amémonos unos a otros.
1 Juan 3.11

Para pensarlo, ¿no? Ahora, esto lo dicen los apóstoles respecto a los hermanos. Pero con un amigo, va más allá que con un hermano. No puede haber huelga de brazos caídos. Un amigo es un amigo.

¿Cómo anda tu amistad con Jesús?

La amistad requiere tiempo, charlas, compartir experiencias, expresar sentimientos, y muchas otras cosas...

¿Qué es Jesús para nosotros? ¿Un conocido del que 'mucho' sabemos, pero con el que compartimos poco? ¿Un compañero con el que nos cruzamos en las actividades de la iglesia? ¿O es realmente nuestro amigo?

> **Una cosa es la religión y otra la amistad con Jesús.**

No te creas que puedes pasar toda tu vida hablando, alabando y aun predicando sobre alguien con quien no te relacionas en la intimidad. *Una cosa es la religión y otra es la vida cristiana*. Tienes que tomar una decisión. O juegas a la iglesia o entras en la onda del Espíritu e inicias lo que realmente es la vida cristiana: el desarrollo de una amistad con Jesús.

El teatro, la imagen santulona, la impresión que quieres causar, no te van a llevar a otra cosa que a la frustración y a la tristeza. Sentirás vacío e insatisfacción, que quizás te conduzcan por un camino de error a buscar la satisfacción en otra fuente. ¿Es este tu caso?

Sin sinceridad no podemos brindarnos en amistad con nadie, y menos con Jesús. Y no hay otra fuente para una vida cristiana feliz que una genuina amistad con Jesucristo. Examinemos nuestra intimidad con quien quiere ser nuestro amigo desde toda la eternidad.

Algunos me preguntan: *¿Cómo puedo tener intimidad con alguien a quien no veo?* Jesús hombre tuvo intimidad con su Padre, al cual no veía. Muchos hombres del Antiguo Testamento tuvieron intimidad con su Dios; entre ellos había un diálogo fluido. Y qué hablar de un Pablo, un Pedro, un Juan... Después de la ascensión del Señor, ellos no lo vieron más. Sin embargo mantuvieron, como sus predecesores del Antiguo Testamento y como el mismo Jesús en su ministerio terrenal, intimidad con su Dios. ¿Cómo hicieron? Por medio de la oración. *'¡¡¿Qué?!! ¡¡¿Oración?!! Yo cada vez que oro solo, me distraigo con cualquier cosa.'* Sí, oración. No monólogos huecos. Orar, escuchar y compartir con el Jefe.

Dormidos

Era una noche oscura y fría. Jesús elevaba su más dolorosa oración en el huerto de Getsemaní. Mientras Jesús oraba, casi agonizando y con un sudor como gotas de sangre que recorría su cuerpo, sus discípulos *dormían*. Levantándose de sus rodillas luego de hacer aquella oración en la que le pedía a Dios que pasara de él esa copa, se acercó a sus discípulos y, mirando a Pedro, dijo:

> ¿Así que no habéis podido velar conmigo una hora? Mateo 26.40

Imaginémonos la escena. Ahí estaba Jesús, de pie, despertando a Pedro y a sus dos colegas. Pedro, con un ojo a medio abrir y el otro cerrado, sin entender nada, balbuceaba: *'Amén… Gloria… Sí, Señor. Bendice… Fortalece… Amén.'* ¿Cuántas cosas había compartido Jesús con Pedro? Y este, aun con todas sus fallas, amaba al Señor. En un momento en que Jesús los había desafiado, él se levantó y le dijo *'¿A dónde iremos, Señor, si tú tienes palabras de vida eterna?'* De los discípulos, era el único que había caminado sobre el agua. Donde estaba Jesús, ahí estaba Pedro. Y cuando su amigo Jesús estuvo en su momento más crudo, ahí también estaba él… ¡durmiendo! ¿Qué clase de amigo era Pedro? ¿Se habrá dado cuenta de lo que estaba haciendo? ¡Pedro estaba abandonando a su amigo para que se las arreglara solo! ¡Qué tétrico!

Y nosotros, ¿podemos velar una hora con él? ¿O también nos quedamos dormidos, aun sin ser altas horas de la madrugada? Jesús, nuestro Sumo Sacerdote, intercede ante el Padre por cada uno de nosotros. Y ¿qué hacemos nosotros? Dormimos. ¡¿A eso le llamamos intimidad?! ¡¿A eso le llamamos desarrollar un diálogo y, de ese modo, una amistad con Jesús?!

Hay una estrecha relación entre la importancia que tiene algo o alguien para nosotros y el tiempo e interés que invertimos en ese algo o alguien. En la iglesia, cantamos que Dios ocupa el primer lugar en nuestro corazón y no podemos estar ni cinco minutos con él en oración. Pero sí podemos estar horas prendidos al televisor, a la radio, a la computadora o a cualquier otra cosa. ¿No nos estamos engañando a nosotros mismos? Hablamos de tener amistad e intimidad, pero no la experimentamos. ¡Qué triste!

Contra Satanás, ¿perdemos por abandono?

Satanás, el enemigo de la amistad cristiana, nos está ganando una batalla tras otra. La TV, la radio y la música son una plaga que está destruyendo a nuestros compañeros y amigos, y nosotros perdemos *por abandono*.

Recuerdo cuando jugaba al rugby. ¡Qué bronca me daba cuando el otro equipo no se presentaba! No los entendía. Nada me parecía más tonto que regalarle los puntos al adversario. Y eso hacemos nosotros por no orar. Jesús espera que nos acerquemos a charlar con él en oración, que intentemos boicotear al infierno que apresa a la gente que queremos, que lo involucremos en nuestros asuntos, y que le preguntemos: *'¿Quién eres? ¡Muéstrate!'* Ahí es donde nuestra vida va a salir a flote, donde las luchas se van a ganar. También es ahí donde, además de conocer mejor a nuestro amigo Jesús, moldearemos nuestro corazón para que nuestra amistad con otros hermanos y hermanas se perfeccione. Ahí, recibiremos el consejo divino sobre la correcta elección de nuestras futuras amistades.

Jesús desea ser alguien cercano a tu vida, alguien a quien puedes sentir en todas las circunstancias; él quiere llenarte de amigos y quiere ser tu gran amigo.

¿Por qué no inclinar la cabeza ahora mismo? ¡Sí! ¡Ahí donde estés! Cuéntale a Jesús de tus ganas de tener más amigos. Pídele por los que ya tienes. Dile que quieres que te enseñe a ser mejor amigo. Ofrécele tu amistad incondicional.

Jesús te dice en forma personal: *'¿Quieres ser mi amigo?'*

> Cuando detrás de la fragilidad
> aparece la firmeza,
> cuando hay ganas de llorar
> y alguien te hace sonreír,
> si piensas que no puedes
> y te dicen dale más,
> seguro hay un amigo
> que te quiere acompañar…

> Mientras haya sueños por soñar,
> lágrimas por llorar,
> caminos por correr
> y luces por prender,
> siempre habrá un amigo
> que te quiera acompañar…

> Si piensas: 'Quiero ese amigo,
> necesito ese don',
> mira dentro de ti,
> encuentra en el espacio
> del tiempo
> cuántas veces pudiste ser tú;
> el que te diera la firmeza

> el que pusiera el hombro
> el que diera un nuevo amanecer
> al que siente que anochece.

Jesús, el gran amigo, nos enseñó que no hay mejor forma de vivir que muriendo a nuestro propio egoísmo; respiramos aspirando amor, pero también necesitamos exhalar tiempo, disposición y comprensión. Aprendamos a tener amigos siéndolo...

10.
De frente

… y presentar*me* sin mancha delante
de su gloria con gran alegría.   Judas 24

A lo largo de la historia, la iglesia ha ido relegando muchas de las costumbres que tenía la iglesia que se describe en Hechos. Hay, así, cantidad de cosas en el Nuevo Testamento acerca de las cuales pareciera que leemos con anteojos de sol.

Una de ellas es la confesión. La confesión aparece a lo largo de todo el Nuevo Testamento, y su recomendación a practicarla es más que obvia. Por estar más sujetos a las tradiciones que a la Biblia, a menudo tenemos una idea vaga, equivocada o distorsionada acerca de la confesión, y en muchos casos hasta tenemos prejuicios contra ella.

Agustín de Hipona dijo: 'La confesión de las obras malas es el primer comienzo de las obras buenas.'[13] Tenía gran parte de razón, como veremos más adelante. Lo que puede sorprenderte es que esto tenga algo que ver con un libro para adolescentes. Alguno me podrá decir: *'Eh, el título pegaba: De frente; tiene onda. Pero, ¿qué tiene que ver la confesión? ¿No es poco actual en comparación con otros capítulos?'*

Ciertamente, parece anticuado el tema de la confesión. Pero chicos, la confesión es la entrada a una vida cristiana exitosa. Es una práctica cristiana en la cual nos sacamos la careta de súper espirituales y declaramos nuestras fallas, errores y pecados. Si queremos una iglesia sin disfraces, nosotros somos los responsables. Debemos entender que estamos en el 'programa de rehabilitación celestial', y que sin la confesión nos estamos perdiendo uno de los talleres prácticos especiales (de los más sanos para nuestra vida).

La propuesta de Dios

Dios tiene el deseo de perdonarnos y de vernos crecer. Lo que motivó a Dios a mandar a Jesús no fue la ira o las ganas de castigar. Su motivación fue el amor. Dios nos tendió la mano. La cruz fue el resultado del deseo que tenía Dios de ofrecer su perdón.

La confesión no es un castigo para los nenes que se portan mal. Es un paso de fe que damos, diciéndole a Dios lo que hicimos mal. Tan sencillamente como eso. Etimológicamente (*estimo ¿cuánto?*), confesarse significa 'decir lo mismo que'. Esto es, si la Biblia dice que hacer tal cosa es pecado, yo me confieso cuando, habiendo hecho tal cosa, admito que lo que hice es pecado. No porque yo sienta o piense que es pecado, sino porque lo dice la Biblia. Aunque la provisión de Dios para nuestras vidas es obra de la gracia de Dios, él requiere de nosotros que pongamos nuestra fe en la cruz. La Biblia también dice que la fe sin obras está muerta, así que la fe que tenemos debemos expresarla por diferentes medios. En este caso, la confesión.

Dios quiere limpiarnos y animarnos, restaurarnos y volver a poner las cosas en su lugar. Cuando Jesús pronunció su *'¡Consumado es!'* dio la mejor sentencia contra nuestro pecado. El cuerpo de Jesús fue traspasado por toda la miseria, la pobreza, la tristeza y la maldad de una creación caída; desde sus manos con clavos en el medio de las palmas (no en las muñecas como muestran las películas) hasta los pies cruzados atravesados por un gran clavo que destrozaba sus músculos, todo soportaba esa ruinosa carga. Jesús llevó nuestra vergüenza, nuestras enfermedades, y todo el castigo que merecían nuestros pecados. En ese momento de la historia, Jesucristo abrió la puerta de la eternidad y asentó las bases para que la confesión sea la mejor forma de dejar todas tus cargas sobre él.

¿Comunidad de qué?

Uno de los problemas que encuentra la confesión es que algunas veces pensamos en la iglesia como una comunidad de santos tipo medieval, cuando en realidad deberíamos considerarla como una comunidad de pecadores redimidos.

La iglesia es un hospital y la confesión es una terapia. No podemos estar siempre enmascarando nuestras ofensas a Dios con la excusa de que son comunes. Las palabras hirientes, el egoísmo, las ansias de poder y de demostrar quiénes somos, la hipocresía, los chismes disfrazados de pedidos de oración, el sembrar cizaña entre hermanos, la crítica que destruye, el juicio, etc., etc., son parte de la enfermedad llamada pecado. No son cosas menos pecaminosas que todas esas que escandalizan a la mayoría, como las relaciones sexuales entre novios, el robo y el asesinato. ¡Claro!, estas tres no son tan cotidianas como las otras, pero a los ojos de Dios todas son abominación (Deuteronomio 25.16).

El perdón

El perdón no es sólo un boleto para ir al cielo en primera clase con los pies sobre un almohadón y tomando jugo de frutas tropicales. Confesarle a Dios nuestros pecados es una condición para experimentar el perdón.

> El que oculta sus pecados no prosperará,
> pero el que los confiesa y se aparta de ellos
> alcanzará misericordia.   Proverbios 28.13

¿Nunca te ocurrió que orabas para pedir perdón, y sentiste que tu oración pegaba en el techo, rebotaba en el piso y terminaba abajo de la cama? Oraste, y tenías la esperanza de haber sido perdonado, pero no experimentaste ninguna liberación. Empiezas a suponer que sólo te confesaste a ti mismo, y no a Dios.

He escuchado explicar que Dios perdona el pecado, pero no borra los recuerdos. ¿No te parece que, teniendo el Dios que tenemos, tiene que haber algo más?

La confesión

Alfonso Liguori dijo:

> Para una buena confesión son necesarias
> tres cosas: un examen de conciencia, tristeza
> y una determinación de evitar el pecado.[14]

Es necesario hablar 'de frente'. Debes analizar muy bien qué es lo que confesarás. Escuché muchísimas oraciones de confesión que tenían un 'pero': *'Señor, te pido perdón por ensuciarle la remera nueva a mi hermanita, pero ella me usó las medias primero, sin preguntarme.'* Esto es analizar lo que uno y otro hizo, no es confesar. La confesión no es un verso mágico que quita todas las manchas. ¡Nos reímos de la confesión en la que la penitencia consiste en 20 Ave Marías y 10 Padrenuestros y medio, pero queremos solucionar nuestra situación dándole vueltas al asunto!

Richard Foster escribió:

> La tristeza, en cuanto se relaciona con la confesión, no es fundamentalmente una emoción, aunque puede contenerla. Es un aborrecimiento por haber cometido el pecado, un profundo reproche por haber ofendido el corazón del Padre.[15]

La determinación tiene que contar con una contundente fuerza de voluntad propia, sin olvidarse del estímulo del Espíritu Santo.

¿A quién confesar?

Muchas veces necesitamos experimentar la autoridad de Dios a través de un hermano, y es cierto que es difícil encontrar a la persona adecuada para hacerlo. Nuestro pastor o nuestro líder serían las personas ideales, pero también podemos contar con amigos más cercanos, o hasta con papá y mamá. Lo importante es que sean personas ante las que sientas *'el peso de tu pecado'*, como dicen algunos depredadores, o dicho de otro modo, que te hagan reconocer la correcta dimensión de lo ocurrido, la seriedad del caso. Alguien que te haga responsable a ti. Y de ahí en más, a cambiar.[16]

Sería bueno también que nosotros mismos fuéramos lo suficientemente confiables como para que los demás se nos acercaran a hacer sus confesiones. Si este es el caso, es bueno recordar que no es uno el que tiene que hacer sentir culpable a quien ya está arrepentido. Si uno confiesa lo hecho es porque ya ha sido convencido por el Espíritu Santo de que ha pecado, y está arrepentido. Recuerdo haber leído de un incidente que le ocurrió a Wiggleworth[17] en el tren: Un pasajero se sentó frente a él, y al poco tiempo se levantó inquieto, y le dijo: *'Me voy porque usted me hace sentir pecador.'* Wiggleworth no había pronunciado palabra, pero la presencia de Dios en él había hecho que este otro se sintiera una hormiga. (Lástima que no confesó su pecado; sentir no es suficiente.) ¡Nuestra vida algunas veces predica más y mejor que nuestras palabras!

También recordemos que aquel que viene a confesar algo a nosotros no viene alegre y saltando en una pata. Viene quebrantado, porque reconoce que le ha fallado a Dios. No viene a recibir un garrotazo por parte del 'consejero'.

El objetivo de la confesión, por parte del que escucha, es la restauración (poner las cosas en su lugar), y no el mero castigo.

A lo largo de mi vida pude reconocer a ciertos 'amigos' dispuestos a poner el hombro: personas que cuando alguien se les acerca, dicen: *'Acá estoy, ¿en qué te puedo ayudar?'* Ellos me hicieron decidir a ser otra clase de amigo con quienes se acercaran a mí.

Aquí va una lista de tipos de amigos que seguramente vas a encontrar en tu camino:

Amigo vendedor

Este sujeto termina haciéndote creer cualquier tipo de información. Como no entiende, en vez de sólo escuchar y tratar de compartir los sentimientos del que confiesa, cree que es su deber aconsejar y decir cualquier tipo de cosas con aires de 'Sócrates'. Este deja a su amigo más confundido que antes.

Amigo periodista

Como periodista de noticiero sensacionalista, investiga hasta el último detalle. ¿Cuándo? ¿Cómo? ¿Por qué? ¿Con quién? ¿A quién? ¿Cuántas veces? Te ametralla con preguntas en busca de saber más, y abre los ojos como hipopótamo ante cada nuevo descubrimiento. No seamos así; esta actitud sólo logra hacer sentir peor al que confiesa, y quizás, sin querer, uno le está diciendo: 'Me importa más lo que hiciste, cómo lo hiciste, cuándo lo hiciste, etc., que tú mismo.'

Amigo publicista

De este hay que huir (aquí me ganaré enemigos..., o mejor dicho, enemigas). Estamos escribiendo en masculino por accidente del lenguaje, pero lo cierto es que esto va más para las muchachas. Publicistas son los que andan publicando a medio mundo todo lo ocurrido. Ojo, tienen algunos trucos. A veces cuentan los hechos como motivos de oración, espiritualizándolos. Esto es chisme, y es una de las principales razones por las que en nuestras iglesias no se confiesan los pecados.

Amigo abogado

Este trata de defendernos a toda costa. No importa que lo que hayamos hecho sea para cadena perpetua, él siempre encuentra justificaciones y le echa la culpa a los demás. Parece un gran amigo, pero puede causar mucho mal.

Amigo despachante de aduana

Este nos deja pasar algunos pecados, pero en otras ocasiones nos castiga. Todo depende de que le contemos algo en lo que él mismo está involucrado; ahí, en seguidita nos justifica. En cambio, si no lo está, nos pone multa. No sirve.

Amigo policía

Inmediatamente, te lleva preso. Como es más espiritual que otros, no se lo cuenta a todo el mundo. Este va directamente al pastor: 'Mire pastor, estuve hablando con el hermano Fulano, y me parece que su condición espiritual... usted tendría que hablar con él.' O también, con cara de serio y poniendo distancia, escandalizado por la defraudación de la amistad que tal confesión manifiesta, pronuncia su sanción. Si bien es necesario mostrar (dejar en claro) la gravedad del pecado, tampoco es cuestión de escandalizarse; después de todo... 'el que esté limpio que tire la primera piedra...'

Amigo profeta

Este es el que nos abre la Biblia, Versión Personal, y nos da las razones por las cuales nos pasan todas las cosas que estamos viviendo, con una rigurosidad matemática. 'Por cuanto tú has pecado..., te sobrevendrá calamidad, y peste destructora...' En vez de escucharnos, nos adelanta la sentencia que, según él, Dios va a pronunciar sobre nosotros. Está más interesado en entender las causas y efectos del pecado que en restaurarnos. Tampoco sirve.

Amigo que más que amigo...

Este se ríe y, deslizando su brazo por nuestro hombro, nos dice: 'Bueno, nadie es perfecto. No importa, no pasó nada. Lo importante es reconocer que nos equivocamos'. De más está decir que este es un obsecuente.

Amigo espejo

Su frase favorita comienza con: 'Yo, en este caso...', y no deja de compararnos con él. Contándonos lo que haría y lo que hizo, para terminar confesándonos toda su vida 'modelo', esperando nuestra aprobación. Este tiene más problemas que soluciones.

Amigo amigo

Este es el que entendió que:

> Gozaos con los que se gozan;
> llorad con los que lloran.   Romanos 12.15

Este es el consejo bíblico que ningún curso de psicología puede mejorar. Si estamos en la posición de escuchar una confesión, propongámonos buscar la guía de Dios para saber qué decir. No hay que olvidar que nuestra función principal es escuchar.

Las dos veredas

Este no es un libro sobre consejería. Es por esta razón que estoy refiriéndome a ambas veredas en forma conjunta, a la vereda del confesor y a la de quien recibe la confesión.

Las ideas que siguen se refieren a ambas situaciones, porque ¿quién va a estar sólo en una?

Aquí van algunos consejos prácticos que aprendí y son bastante importantes en el momento de escuchar o hacer la confesión:[18]

1. Cuando tengamos algo que confesar, dentro de los que son amigos, amigos, busquemos a alguien del mismo sexo que nosotros. Esto evita que la conversación tome otro rumbo y que haya sentimientos en juego que no van al caso. Si uno lo está tomando en serio (y esa es la idea), en el momento de la confesión se abren los corazones, y puede haber sentimientos que perviertan la confesión y dañen una futura relación entre esas dos personas.

2. Por lo general, seguida a una confesión va una palabra de consejería. Los consejeros no son los 'sabelotodos'. Si estás en la condición de escuchar y no sabes qué aconsejar, es de amigo, *amigo* no hacerlo, y derivarlo a un consejero. El que escucha la confesión no necesariamente tiene que ser el que da el consejo. Si eres tú el que confiesa, por más alucinado que hayas quedado con el consejo, es bueno que lo corrobores con lo que la Biblia dice.

3. Antes de iniciar la charla, hagan una oración y busquen la guía de Dios. Durante la confesión, mira al que confiesa a los ojos y muéstrate interesado en lo que dice. Es feo que estés mirando para cualquier lado.

Sinceros

La palabra 'sincero' deriva de dos palabras: 'sin' y 'cera'. En la antigüedad, cuando se hacían vasos de barro o arcilla y el alfarero los ponía en el horno, estos podían salir bien o quebrarse en su horneado. Obviamente no tenía el mismo atractivo un vaso todo agrietado que uno cuya superficie estaba completamente lisa. Entonces, algunos alfareros de mala fe, rellenaban las grietas con cera. El vaso parecía perfecto, hasta que se sometía al calor. ¿Qué sucedía? La cera se derretía y aparecían las grietas originales.

> **La sinceridad abre la puerta a la confesión, y esta, los portones al cambio. ¡Adelante!**

¿Qué quiere decir confesar? Quiere decir remover la cera de nuestras grietas. Quiere decir ser sinceros ante Dios, ante nuestros hermanos y ante nosotros mismos.

> Así que celebremos la fiesta, no con la vieja
> levadura ni con la levadura de malicia y de
> maldad, sino con panes sin levadura,
> de sinceridad y de verdad.
>
> 1 Corintios 5.8

> No hablo como quien manda, sino para
> poner a prueba, por medio de la diligencia
> de otros, también la sinceridad del amor
> vuestro. 2 Corintios 8.8

> El amor sea sin fingimiento.
>
> Romanos 12.9a

Dios está buscando hijos sinceros, sin fingimiento de ninguna índole. Una iglesia y un cristiano que confiesan su fragilidad humana, sus grietas, y que realmente son vasos de barro, se abren a la gracia transformadora de Dios. La sinceridad abre la puerta a la confesión, y esta, los portones al cambio. ¡Adelante! Anímate a incorporar la confesión a tu estilo de vida. Vale la pena.

Por boca de Isaías, Dios nos llama a hablar de frente:

> Venid luego, dice Jehová, y estemos a
> cuenta: aunque vuestros pecados sean como
> la grana, como la nieve serán emblanque-
> cidos; aunque sean rojos como el carmesí,
> vendrán a ser como blanca lana.
>
> Isaías 1.18

11.
Súper Saulo

Y amar*te* con todo *mi* corazón ... es más que todos los holocaustos y sacrificios.

Marcos 12.33

En ninguna iglesia faltan aquellos adolescentes preferidos de las señoras mayores. (Dije adolescentes pero también hay algunos que ya se olvidaron de cómo eran los granitos.) Estos 'ejemplos' nunca dan qué hablar, excepto a sus madres, que no paran de publicar lo buenos que son (*'¡Ay, mi hijito es tan espiritual!'*). En general, estos 'elegidos' son nietos de creyentes, pero también están los recién llegados que intentan acomodarse rápido al ambiente y se compran la Biblia más grande que encuentran, para llevarla a los cultos.

Puede que digas: *'Esto no es para mí, yo soy la oveja negra…'* ¡Espera!, no te vayas. Yo también fui la oveja negra un tiempo, pero después me transformé y me convertí en un 'Súper Saulo'.

Los famosos fariseos y el síndrome de Saulo

Si bien, según registra la Biblia, los fariseos fueron aquellos que se opusieron a Jesús y luego a los creyentes, en los tiempos intertestamentarios (los 400 años entre el Antiguo y el Nuevo Testamento) fueron los hombres de bien que, al no haber revelación expresa en forma audible de parte de Dios, tomaron lo ya escrito e intentaron interpretarlo. Así, educaron al pueblo de Israel conforme a lo que Dios había dispuesto en el Antiguo Testamento (claro que según su propia versión). Pero, ¿qué pasó? Pasó que perdieron el contacto con Dios, y se fueron por las ramas. Llegaron al punto de darle más importancia a la tradición que ellos habían generado, que a lo dispuesto por las mismas Escrituras.

El apóstol Pablo no siempre fue aquel siervo de Dios del que escuchamos desde la escuela bíblica (poco más y nos lo imaginamos con capa y volando). Pablo fue Saulo de Tarso, un fariseo perseguidor de los creyentes y un cómplice del asesinato de Esteban (Hechos 7.58; 8.1—3). *'Pero entonces Pablo no era creyente, y era muy malo. ¿Qué tiene que ver él con los súper espirituales?'* Veamos:

Sabio en su propio conocimiento, y superior a muchos de sus colegas fariseos, Saulo de Tarso creía que estaba agradando a Dios. Por años, su pueblo había tenido reglas, costumbres y leyes. Todos pensaban que esas normas fariseicas venían directamente de Dios (en aquellos tiempos las Escrituras no eran algo que cada uno podía tener debajo del calefón), y Saulo no sólo estaba convencido de tales prácticas, sino que en todas ellas era un maestro. En medio de estas tradiciones, aparecen unos desacatados que llaman 'Hijo de Dios' a uno que, además de haber terminado en la cárcel y muerto en la cruz, no respetaba el *sábado* (séptimo día, en el que no debían hacer esfuerzo alguno). Este personaje se juntaba con ladrones y prostitutas, se enfrentaba con los maestros de la ley, y enseñaba otras cosas que hacían enfurecer a los israelitas. Saulo estaba furioso.

Como los fariseos (Saulo no era la excepción), muchos hoy guardamos una serie de normas que, para nuestros mayores, para nuestros pastores o para nuestra iglesia son buenas (por lo tanto para nosotros también). Pero no nos hacen estar más cerca de Dios.

Con esto no quiero decir que el hecho de que no nos acerquen a Dios las vuelva malas y desechables. Lo malo es creer más en ellas que en lo que nos acerca al verdadero conocimiento de Dios. *Ese era el síndrome de Saulo.*

> **Conocer a Dios es más que saber acerca de él.**

Una vez escuché a Carlos Somoza (misionero argentino en el África) hablar de la diferencia entre conocer *'acerca de Dios'* y conocer *'a Dios'*. Cuando estaba en la escuela secundaria, yo conocía mucho acerca de Dios. Podía decir versículos enteros de memoria, evangelizar, y relatar todas las historias de lo que Dios había hecho con los hombres de la Biblia; pero conocía muy superficialmente a Dios. Personalmente, no tenía mucho contacto con él. Salvo para pedirle algo u orar en las reuniones, mi historia con él casi no existía.

Saulo, Saulo...

Saulo, educado a los pies de Gamaliel, era un maestro del Antiguo Testamento. ¿Qué, él no conocía algo acerca de Dios? ¡Impensable! Se conocía el Antiguo Testamento de atrás para adelante y boca abajo. Sin embargo, camino a Damasco, cuando fue derribado del caballo y escuchó la voz del mismísimo Hijo de Dios, respondió: '¿Quién eres, Señor?' (Hechos 9.5). Ahí, en el pedregoso suelo, caído del caballo, con una furia que le salía por los poros, con su orgullo herido, el gran maestro, el gran fariseo, le pregunta a su Dios: *'¿Quién eres, Señor?'* ¿Cómo es que no lo conocía?

Para asemejarnos a Saulo no necesitamos estar persiguiendo a los creyentes a piedrazos. Con sólo juzgarlos es suficiente. Lo hacemos cuando tenemos costumbres distintas a las de otra iglesia y la criticamos por ser así o asá, o cuando nos comparamos con los demás, según lo que hacemos o no, e intentamos, así, medir nuestro estado espiritual. También cuando nos excusamos de nuestros errores, porque los de los demás son peores, etc. Todo esto nos hace ser un 'Súper Saulo'.

Bienvenido

La vida cristiana se trata precisamente de esto: de ir conociendo *'a Dios'* (y no quedarse en el *'acerca de Dios'*). Conocerlo como lo hizo Jesucristo mismo, a tal punto que eran uno (Juan 10.30). Saulo se convirtió en Pablo, el misionero que revolucionó al mundo; el apóstol llegó a ser una locomotora que no paraba de evangelizar.

Podríamos pensar que ya se había desprendido del síndrome de Saulo (actuar por su cuenta, confiando en su criterio, olvidando al Señor de las reglas), pero no:

> No hago lo que quiero, sino lo que detesto, eso hago ... yo sé que en mí, esto es, en mi carne, no habita el bien, porque el querer el bien está en mí, pero no el hacerlo.
>
> Romanos 7.15, 18

Pablo había encarado una nueva vida, conocía más a Dios cada día, pero tenía un enemigo...

No, Satanás era el número dos

Los creyentes muchas veces pensamos que el diablo es nuestro primer enemigo. Al haber aceptado la salvación y el señorío de Cristo, procedentes de la cruz, el diablo pasó a ser un extra en la película de nuestra vida (siempre y cuando no le demos nosotros un papel importante).

El enemigo número uno que tenemos ahora, está en nosotros mismos: es el pecado que mora en nosotros. Este pecado que no es la acción de pecar, el pecado específico (que pueden ser muchos), sino una realidad esencial. ¿Qué? Me refiero a la naturaleza pecadora que cada día nos lleva a hacer lo que queremos.

Esta naturaleza es la que hace que Súper Saulo (nuestro yo) intente hacer las cosas para Dios (como reemplazándolo) sin consultarlo a él sobre qué es lo que realmente espera. 'Yo voy a hacer la obra de Dios' (¡Como si Dios necesitara ayuda!). Esto todos lo tenemos muy claro: nadie puede reemplazar a Dios. Pero, ¿cuántas veces nos decimos a nosotros mismos, quizás inconscientemente, cosas como *'Si no fuera por mí, ¿quién evangeliza?'*, *'Si no fuera por mí, la iglesia se desaparecería'*, *'Si no fuera por mis oraciones, el pastor no predicaría como lo está haciendo'*, *'Si no fuera porque yo vivo…'*? Y ese es el punto. Si no fuera porque tu yo vive, ¡Dios hubiera hecho muchas más cosas a través tuyo!

Todos lo sabemos muy bien. Cuando opinamos así, tenemos la mejor de las intenciones. No buscamos criticar, mucho menos destrozar a nadie. Queremos que las cosas funcionen con excelencia para Dios. Pero ser sinceros y apasionados por la obra de Dios no nos hace correctos en nuestro proceder. Este proceder no es lo que tradicionalmente llamamos *'una vida de pecado, como los carnales que hay en mi iglesia, que no tienen visión, y están ocupados en cualquier cosa, ¿has visto? No son como yo, que lo sé todo...'* Es cierto que, humanamente hablando, nuestro corazón está bien intencionado y ama al Señor. Pero todo ese sentir y proceder no viene del corazón de Dios, sino del nuestro. Nos sentimos como Elías:

> Él respondió: He sentido un vivo celo por Jehová, Dios de los ejércitos, porque los hijos de Israel han dejado tu pacto, han derribado tus altares y han matado a espada a tus profetas. Solo yo he quedado y me buscan para quitarme la vida.
>
> 1 Reyes 19.10

¿Y dónde estaba este súper 'Llanero solitario'? Escondido en una caverna porque una mujer le dijo, a través de un intermediario, que le iba a cortar la cabeza. ¡Vaya valentía! Ciertamente estaba en un error. ¿Por qué? Porque él veía las cosas desde su punto de vista, las veía con ojos humanos. Pero Dios le muestra otro panorama: *'Pero haré que queden en Israel siete mil, cuyas rodillas no se doblaron ante Baal y cuyas bocas no lo besaron'* (1 Reyes 19.18). En otras palabras, Dios le dice a Elías: *'Mira, Súper Elías, hay al menos siete mil que no cometieron ninguna idoatría; no estás tan solo como crees.'* Súper Elías quería llevar sobre sus hombros la obra de Dios, y terminó acobardado y escondido en una caverna. Dios le dijo: 'Yo haré...' Dejémoslo obrar a él.

Michael Smith cuenta la historia de un cuidador de perros que paseaba a un dóberman y a un pastor alemán. Alguien le preguntó: '¿Cuál ganaría en una pelea?', a lo que el cuidador contestó: 'Aquel al que le di mejor de comer.'[19] Como cristianos, tenemos que vivir con dos realidades. Cristo, actuando en nuestra vida, y la carne o Súper Saulo haciendo lo que quiere. La supervivencia de cada una de ellas depende de nosotros: ¿A quién le damos de comer?

Final feliz

Tranquilo. Después de confesar esa realidad en su vida, Pablo también reconoció que:

> Ahora, pues, ninguna condenación hay para los que están en Cristo Jesús, los que no andan conforme a la carne, sino conforme al Espíritu.   Romanos 8.1

El Espíritu Santo está disponible para hacerte andar en la forma y por los caminos de Dios. Asimismo, Dios quiere que vayas conociendo tu interior.

Si estás apoyando tu vida en la aprobación de tu prójimo por tus actos, pídele a Dios que te transforme. ¿Cómo darte cuenta de que lo estás haciendo? Fíjate si estás siempre con una actitud crítica, y si te importa mucho aparentar. Dios no quiere robots espirituales. Además, tú sabes que no es así.

Si eres consciente de tu estado, y nadie te considera un mega espiritual, es importante que intentes conocer más directamente a Dios. En tu cuarto, por medio de la oración y la adoración personal, puedes llegar a él sin que nada ni nadie se interponga.

12. Sexomaníacos

Para que Satanás no saque ventaja alguna sobre *mí*, pues no ignoramos sus maquinaciones.   2 Corintios 2.11

Es imposible

imaginarse la televisión, la música, la radio y las charlas de baño de colegio sin el tan aclamado tema: el sexo.

Cualquiera sea tu edad, seas varón o mujer, este tema tiene algún efecto de curiosidad, de sentido de lo oculto, y, por qué no, de aventura. Quizás seas (en especial si eres varón y rondas los 17) 'todo un profesional', lo sepas todo, y no te interese recibir una clase de educación sexual como en la escuela. No te preocupes, tampoco es mi intención dártela. Lo que sí quiero es ayudarte a comprender y a razonar. ¿Qué es lo que Dios pretendió con el sexo? ¿Cómo conviene pensar? ¿Qué hacer a la hora de decidir?

Es fácil darse cuenta de que el 90% de los avisos de televisión tiene algo relacionado con el sexo. Sea propaganda de chocolate, cerveza o automóviles, siempre hay alguna imagen que despierta hasta al más dormido, y hace que el más ocupado mire el televisor. Los publicistas saben muy bien que el sexo es lo que más estimula a los televidentes, y por eso lo meten en cualquier lado.

Decadencia

Los tiempos han cambiado, y la moral de diez años atrás era muy distinta a la de ahora. Muchos adultos se escandalizan de las cosas que hacen los jóvenes de tu edad. A decir verdad, para mí lo de los jóvenes es totalmente entendible. No es fácil tratar de guardar ciertos valores cuando esos valores ya no existen a tu alrededor, y si además eres presa de una estimulación permanente y contundente. Libros, revistas, canciones, ídolos, moda, radio, televisión, educación, amigos, ejemplos, etc., te dicen que el sexo hay que vivirlo con libertad. En otras palabras, te provocan o te motivan a tener un vicio permanente. ¿Y qué hacer entonces? Por supuesto que no se trata de ceder. Que los valores caigan a tu alrededor no significa que los valores dejen de existir; estás tú para mantenerlos bien en alto...

Una de gauchos

Hay un viejo cuento que contaban los gauchos de las pampas, del cual vamos a hacer una adaptación. El cuento dice más o menos lo siguiente:

En una oportunidad, Dios estaba en plena creación, dedicándose a modelar figuras de animales y de pájaros con sus manos en el barro. Sólo que él, además de darles forma, tenía el poder de regalarles la vida. Luego de hacer el trabajo con mucha dedicación e inspiración, los ponía a secar al sol, y cuando se secaban, los colocaba en las palmas de sus santas manos y los soplaba. Es decir, los rozaba con su aliento como si les diera un beso. Al sentirse alentados por el beso de Dios, los animalitos se sacudían como recién despertados, y se largaban: los pájaros volaban desplegando toda la alegría posible, los animales terrestres bailaban y saltaban, o hacían lo que Dios les había regalado para que hiciese cada uno.

Un día, Dios se despertó realmente inspirado. Quiso hacer algo hermoso. Iba a crear al colibrí, o como le dicen los guaraníes, 'Nainumby'.

La verdad es que se esmeró al crearlo; no quería hacerlo grande, pretendía hacerlo bello. Buscó entre las flores más lindas los colores más brillantes y llamativos, y los guardó en su mano. En el río recogió el brillo que había dejado la luna por la noche, y del atardecer tomó los colores suaves y oscurecidos. Mezcló todo esto con tierra pura, y lo amasó despacio con sus dedos divinos, hasta hacer una pasta tierna y delicada. Luego le dio forma de pájaro. Le metió una chispa de fuego y la rapidez del relámpago.

Así nació el colibrí. Tocado por el soplo divino, el pajarito se estremeció y, abriendo sus alas como si fuera una flor voladora, salió recto hacia arriba, dobló en ángulo cerrado sobre sí mismo, y se perdió en el cielo.

Resulta que el diablo andaba espiando; él siempre quería copiar lo que Dios hacía. Tomó casi las mismas cosas que Dios, e hizo algo parecido. Juntó las flores, tomó los colores del atardecer, y con sus dedos largos y peludos trató de formar la dichosa pasta.

No le salió tan prolijo, porque a causa del apuro tenía un ojo en lo que Dios hacía y otro en lo que hacía él mismo, lo cual no está bien. Cuando lo tuvo listo, vio que el pajarito no se movía…, y claro, ¡cómo se iba a mover si no tenía vida! El diablo tenía que soplarlo, pero imagínate el aliento, ¡de terror! Más feo que encontrar una cucaracha en el emparedado…

En cuanto se lo puso en el hocico, el pobre pájaro reaccionó de asco. Aplastándose contra la mano intentó escapar del olor. En ese momento el diablo lo tiró hacia arriba, y el pobre animal, en vez de volar, cayó como una piedra y se desparramó todo. Así nació el escuerzo.

Copia falsa

Dios creó el amor con todo lo lindo que encontró...

> Tener amor es saber soportar; es ser bondadoso; es no tener envidia, ni ser presumido, ni orgulloso, ni grosero, ni egoísta; es no enojarse ni guardar rencor; es no alegrarse de las injusticias, sino de la verdad.
> Tener amor es sufrirlo todo, creerlo todo, esperarlo todo, soportarlo todo.
>
> 1 Corintios 13.4–7

...y le dio el beso de su bendición. El diablo quiso copiarlo y 'creó' la pasión descontrolada, el deseo egoísta, la prostitución, la ansiedad, la pornografía, la promiscuidad, el SIDA, el aborto, los abusos, la masturbación, la lascivia, etc. Luego intentó que todas estas cosas pasaran a ser 'comunes', 'normales', y que se relacionaran con la idea de 'hacer el amor'.

'La masturbanda'

Así llamaba la mamá de uno de mis compañeros a él y a sus amigos, festejando y burlándose de que los adolescentes pasaran por esta situación. Escuché que antes, como forma de reprimir la masturbación, se decía que los que se masturbaban se volvían locos y había que mandarlos al psiquiatra. No me parece forma de enseñar, el crear prejuicios o ideas erradas. No veo bien que padres y líderes repriman o impongan sin dar explicaciones. La Biblia está llena de ideas y enseñanzas para ministrar a los adolescentes (al final de este libro tienes un apéndice con consejos bíblicos), además de todos los libros de pastores y profesionales acerca de la sexualidad[20] y de otros temas concernientes a la educación de los hijos (creo que los adolescentes pueden pensar, y debemos ayudarlos).

La masturbación no produce locura ni ningún tipo de enfermedad venérea. Ahora, ¿quiere decir esto que la masturbación es aceptable?

El doctor Walter Trobisch, en su libro *Agradable sensación*, dice:

> La masturbación es el signo de una cuestión más profunda. Por lo general, en las profundidades de la personalidad hay un sentimiento de insatisfacción consigo mismo y con la propia vida que se trata de superar con un momento de placer, pero no se logra. Precisamente por no lograrse, se siente la tentación de repetirlo. Así se forma un círculo vicioso.[21]

Como todo círculo vicioso, es pecado. Nada que a uno lo tenga atado y que no se pueda detener, es agradable a los ojos de Dios. (¡Ojo!, cualquier vicio es pecado, y no sólo masturbarse o fumar; cualquier cosa que te domine: comer, practicar algún deporte, o hasta estudiar ¡aunque seguro que no es tu caso!)

Complejos

Quizás a algún mayor que lea esto le parezca escandaloso, pero nosotros entendemos muy bien de lo que hablamos. Lo escuchas todos los días, y lo peor es que lo escuchas de la que lleva la cuenta de cuántos muchachos se transó o del que más experiencia tiene en la escuela y que lo sabe todo. Ellos no saben nada. Cuando tengas dudas con respecto a tu propio cuerpo o al sexo, anímate a preguntarle a tu padre, a tu madre o a algún mayor de la iglesia y, sobre todo, pídeles que te lleven a ver a un médico especialista en adolescencia, que los hay y muy buenos.

La mayoría de los complejos se crean en torno al tamaño del miembro sexual. Muchas 'verdades' de tipo popular y famosas 'pruebas científicas' predican cosas que nada tienen que ver con la realidad. No tienen nada de científicas y no son pruebas. Y estas mentiras terminan por asustar y acomplejar a los pobres adolescentes desprevenidos. Mi madre es hebiatra, médica especialista en adolescencia, y una gran cantidad de adolescentes han ido a ella con las cuestiones más disparatadas o las más tristes (causadas por los famosos 'dichos' y la falta de sólida educación).

Ni la virginidad es provocadora de trastornos mentales, ni el tamaño del pene en los varones es señal de la virilidad, ni el que, en la pubertad, las mujeres puedan tener un seno más desarrollado que el otro es signo de malformación. Como estas, hay muchas otras cuestiones que preocupan a los que entran en la adolescencia. Otra vez, recomiendo buscar un profesional para compartir estas cuestiones.

¿Por qué esperar hasta el matrimonio?

Mientras van pasando los años en la escuela secundaria, van aumentando las presiones para 'acostarse'. La sobrecarga de estímulos es mortal, tus amigos parecen hacerlo sin problemas, y tú te sientes anormal.

Dios diseñó al matrimonio como el marco adecuado para las relaciones sexuales. ¿Por qué? Porque estas deben ser para disfrutarlas plenamente como el fruto de un verdadero amor. *'Ah, bueno; pero mi novio y yo nos amamos de verdad. Entonces, sí podemos.'*

Escuché decir esto mismo a una pareja de novios en la cual la muchacha había quedado embarazada, y pensé: '¿Amor? ¿Amor al bebé que tenía dentro de ella, para el que no habían preparado un hogar? ¿Amor a su novio, cuya carrera universitaria había sido perjudicada? ¿Amor a sus padres, a quienes, además de las molestias, les habían causado una vergüenza irritante? ¿Será eso el amor de Dios, lo que Dios quiere para nosotros?' Ellos habían solucionado un problema: la tensión sexual. Pero se habían creado muchos nuevos: casamiento, casa, sostén económico, profesión… ¿Qué amor?

El verdadero amor tiene todas las características de 1 Corintios 13. No nos engañemos, lo que nos mueve hacia las relaciones prematrimoniales son el egoísmo autoerótico y un descontrolado amor sensual, *y no el amor de Dios*.[22]

La Biblia llama a las relaciones prematrimoniales 'fornicación', traducción de la palabra griega *porneia*, de donde viene 'pornografía'. Por otra parte, la palabra para referirse al adulterio es *moikeia* (infidelidad matrimonial).

Estas dos palabras aparecen de forma variada 92 veces en el Nuevo Testamento, lo suficiente como para dejar claro que son pecado a los ojos de Dios, y descalificar cualquier argumento que se te ocurra. Raramente el apóstol Pablo, al que a través de sus cartas se lo perfila como un guerrero abnegado y valiente, aconseja huir. Una de las excepciones es el caso de la fornicación. Él exhorta: 'Huid de la fornicación' (1 Corintios 6.18). Como siervo de Dios, él sabía el peligro que todo esto significaba.

'Pero, ¿no valdrá la pena probar alguna vez antes de casarnos?' Hoy en día esta idea es muy común. La

unión sexual antes del matrimonio siempre ocurre en condiciones físicas y emocionales muy distintas a las del matrimonio. El miedo a ser descubiertos (aunque esto es cada vez menos restringente en edades más adultas), al embarazo, a no ser respetados y tener que 'demostrar', la incomodidad, la culpa, hacen rebajar al acto sexual.

De esta manera, la relación sexual se transforma en una mera descarga orgánica, sin nada de lo que Dios diseñó para que fuera maravilloso, como la seguridad y el reconocimiento de que se lo está haciendo en el tiempo adecuado.[23]

Como la represa contribuye a transformar la potencia del agua en electricidad, la paciencia hasta el matrimonio contribuye a transformar la potencia del sexo en amor.

Dios te sigue queriendo

Puede que ya hayas cometido muchos errores. Hiciste cosas que sabías que eran malas. Pero ahora, peor es convencerte de que eres la clase de persona que aprueba ese tipo de cosas.

Si te metiste en una situación sexual en la que fuiste seducido y tentado, tienes dos opciones:

1. Puedes convencerte a ti mismo de que, como todos lo hacen, tú tienes el mismo derecho.

2. Puedes llamar a las cosas por su nombre, es decir, reconocer que te equivocaste, y dar los pasos necesarios para evitar ese obstáculo la próxima vez.

La solución 2 es la recomendable. Dios está dispuesto a perdonarte; no hay pecado, sexual ni de ningún tipo, que lo convenza a Dios de dejar de amarte. Como el padre del hijo pródigo, Dios está dispuesto a armar una fiesta si vuelves a él. Lo que tienes que tener claro es que, o vuelves a casa o quedas en el chiquero.

Dada la sobreestimulación, no podemos evitar que un ejército de ratones o fantasías intente moverse por nuestra imaginación, pero sí podemos evitar que 'Mickey Mouse' y los suyos hagan campamento y tomen control de nuestros pensamientos.

¿Cómo?

> Por lo demás, hermanos, todo lo que es
> verdadero, todo lo honesto, todo lo justo,
> todo lo puro, todo lo amable, todo lo que
> es de buen nombre; si hay virtud alguna,
> si algo digno de alabanza, en esto pensad.
> Filipenses 4.8

Dios tiene los mejores planes para tu sexualidad, no los arruines.

13.
Cuando me rindo

Olvidando ciertamente lo que queda atrás y extendiéndome a lo que está delante, *prosigo* a la meta, al premio del supremo llamamiento de Dios.   Filipenses 3.13–14

Muchas veces nos gustaría cambiar de canal y aparecer en una comedia. Pero no, no podemos. '¡Estoy harto de mis padres!' '¡No soporto a mi hermana!' '¿Por qué no existo para el chico que me gusta?' 'Mira esta cara; parece que me la gané en un sorteo'. '¿Y cómo salgo de esta situación?' 'Si tuviera a la persona justa, que se pusiera a mi lado y entendiera lo que siento…'

Hace un tiempo me crucé con un compañero del colegio al que no veía desde hace mucho. Después de saludarlo como de costumbre: *'Todo bien, ¿y tú?'* comenzamos a hablar seriamente y me contó lo difícil que se le había vuelto la vida. Problemas por todos lados, incertidumbre acerca del futuro, indefinición personal, y todo lo que te puedas imaginar. Intenté animarlo, pero me sorprendió su decisión: *'Dejo todo y desaparezco.'*

La 'depre'

El diccionario define a la depresión como un estado emocional que se caracteriza por sentimientos de desesperación, incapacidad, melancolía, tristeza, confusión y hasta inactividad (por ejemplo, encerrarte en tu cuarto eternamente). Son incontables las razones que pueden llevarte a la 'depre' (en noviembre de 1994, en Japón, se suicidaron 11 jóvenes por burlas escolares). Pero es importante diferenciarlas. Separemos las razones en tres. (Esta clasificación es a modo de orden, pero puede haber situaciones que no se encierren en uno sólo de estos puntos).

1. Circunstancias

Las circunstancias son situaciones de poca duración. Hay tiempos en que las cosas no salen como esperamos. Al cuarto año de haber salido del secundario, una serie de errores míos y de cosas que ocurrieron en mi entorno me fueron separando de mis objetivos, e hicieron, poco a poco, que cambiara mi estado de ánimo. Choqué el auto, me fue mal en los estudios, estuve todo el año esperando la concreción de un negocio en la empresa donde trabajaba y no se concretó, y hasta en la iglesia tuve varios encontronazos con algunos líderes (no soy supersticioso, ¡pero fue como si se me hubieran cruzado 700 gatos negros todos juntos en fila india!). Estas cosas lograron ponerme a la defensiva, y hacerme ver todo en forma negativa. Las circunstancias me habían ganado.

No dejemos que las circunstancias nos tiren abajo. Busquemos a Dios (Salmo 34.4), que también es Rey de las circunstancias. Me molesta que los coros y los ministros de alabanza hagan tanto énfasis en que Jesús es poderoso sobre las naciones y los principados, y que todos digamos *'¡Aleluuuuuuuya!'*, y pasemos un momento maravilloso durante el culto, y que se olviden de animarnos a tener bien presente que ese poder también está disponible el miércoles en el colegio para enfrentar la tentación, o el viernes a la tarde para darnos paciencia ante el 'no' de papá y mamá (Filipenses 4.19). Es triste que, al volver a casa después de la reunión, ya no sepamos aplicar a nuestras circunstancias personales todo ese poder del que cantábamos.

2. Realidades

Estas son circunstancias que te acompañan, quizás desde que naciste. Los defectos de tus padres, tu situación económica, defectos físicos, o hasta cosas de tu carácter que te molestan. Justo después del súper conocido versículo de Romanos 8.28 '... a los que aman a Dios, todas las cosas los ayudan a bien', Pablo dice:

> A los que antes conoció, también los predestinó para que fueran hechos conformes a la imagen de su Hijo.
>
> Romanos 8.29

Saquemos dos palabras que creo que nos van a dar una clave para entender nuestras realidades.

Conoció. Para los israelitas, conocer significaba tener una relación profunda, no simplemente saber de la existencia de alguien. Dios nos eligió para conocernos: para intimar con nosotros (recordemos la diferencia entre conocer *'acerca de'* y conocer *'a'* Dios). Desde que nacimos, él tiene grandes deseos de relacionarse con nosotros, de darnos su ternura y de desafiarnos con sus planes. Pero para eso necesita hacer algo, y acá viene la segunda palabra. *Modelar* (hacer conforme). Así como el hierro tiene que pasar por el intenso calor de la fragua para que el herrero le dé forma, así nosotros tenemos que aprender a aceptar nuestras realidades y sobreponernos a ellas. Debemos intentar superarnos a nosotros mismos y esperar que, a través del amor de Dios, nuestro propio amor hacia él vaya aumentando. Y así, como dice el versículo 28, todas las cosas se pueden transformar ante nuestros ojos espirituales en oportunidades para crecer y para llegar a la imagen hermosa y deslumbrante de Cristo. De este modo podremos decir, como el apóstol Pablo después de haber entendido, que el poder de Dios se perfecciona en la debilidad (2 Corintios 12.9):

> Todo lo puedo en Cristo que me fortalece.
> Filipenses 4.13

Después de todo, los hijos de Dios podemos ser como pelotas de goma; cuanto más fuerte nos lanzan contra el suelo, más alto debemos rebotar.

3. Pecado

Los cristianos podemos sentirnos deprimidos por desobedecer a Dios. Si hay un pecado o un hábito pecaminoso que te está cargando, confiésaselo a Dios y pídele que te lo haga ver con sus ojos.

Después, busca a un cristiano maduro. No hace falta que tenga diploma de pastor o líder (también puede ser un amigo), pero sí que puedas expresar tu arrepentimiento y que ante él te puedas comprometer a dejar ese pecado (lee el capítulo 'De frente').

> Si confesamos nuestros pecados, él es fiel
> y justo para perdonar nuestros pecados y
> limpiarnos de toda maldad.   1 Juan 1.9

Nunca dejes que el pecado haga nido en tu vida. Todos estamos expuestos a pecar, pero no te permitas caer en el mismo pozo dos veces, ni seguir en algo que deprima tu estado de ánimo. Tienes un Dios siempre dispuesto a recibirte y a quitarte la carga.

Maquillando cicatrices

En un capítulo anterior hablamos de cómo, a veces, parece que en nuestras iglesias nos hubieran enseñado que al cristiano le tiene que ir bien en todo, y que nunca puede estar deprimido. Esto es una mentira grande como el monte Aconcagua: la Biblia está llena de casos en que los hombres de Dios pensaron que no daban más. Si no, lee la historia de Elías. No está bien que andemos maquillando nuestras cicatrices; a los únicos que engañamos es a nosotros mismos (y a veces ni siquiera eso). Además, como las muchachas bien saben, las lágrimas corren el maquillaje…, y cuanto más tiempo escondas algo, más fuerte saldrá. Debemos ser humildes, y la verdadera humildad es estar dispuesto a que te conozcan tal cual eres, a ponerte del lado de Dios en la lucha contra tu propio pecado e hipocresía. Si te humillas y confiesas tus necesidades, la mayoría de tus amigos te respetarán más, y no menos, como en general se piensa.

Cuando estés mal

Cuando estamos mal, lo primero que sentimos es que estamos solos, y este es el mayor engaño de nuestras sensaciones. Jesús está con nosotros a través del Espíritu Santo, y él sí que nos entiende:

> Ciertamente llevó él nuestras enfermedades
> y sufrió nuestros dolores. Isaías 53.4

Muchas veces tuve en mi hombro a amigos, muchachos y muchachas, que se sentían rechazados por sus padres, por un novio, por sus compañeros, o que lloraban desconsoladamente porque algún peso los tenía cansados, hartos, sin esperanzas… Cuando alguien llega a la iglesia con un brazo enyesado, todos se acercan a preguntarle: *'¿Qué te pasó, te duele?'* (¡*No, si lo hice para ver qué se siente!*), hasta cansar al accidentado. Así, cada domingo llegan a la iglesia muchos corazones enyesados, pero no los vemos porque estamos demasiado preocupados por nuestros propios asuntos. A veces, Dios permite que nos entristezcamos para sensibilizar nuestro corazón, para que después podamos acercarnos a los demás. Es muy fácil quejarnos cuando miramos a los que están mejor que nosotros, y muy difícil darnos cuenta de todos los que están peor.

'Lo que el árbol tiene de florido vive de lo que tiene sepultado', dijo un poeta. Las circunstancias, las realidades y las experiencias vividas son las raíces que nos permiten crecer y llevar fruto. No desperdiciemos el dolor. Nuestras decepciones pueden ser una fuente de gran bendición, *si reaccionamos ante ellas en la forma correcta*.

No se trata simplemente de poner una sonrisa y cantar *'Estoy alegre'* en la iglesia. ¡Animémonos!, en Jesucristo hay poder para cambiar nuestra historia, destrozar las circunstancias, transformar las realidades, perdonar el pecado, y hacernos jóvenes *realmente* victoriosos. Alegrémonos y demos gloria al que está dispuesto a llevarnos de triunfo en triunfo, de su mano. La única mano que te lleva siempre a estar dispuesto a más...

14. De fiesta en fiesta

¿Qué *haremos nosotros* en el día de la fiesta?
Oseas 9.5

Seguramente alguno ya habrá pensado: *'Bueno, ahora nos dirán que los cristianos no hacen fiesta…, se viene el sermón.'* Nada más lejos de mi intención. Los cristianos deberían vivir de fiesta en fiesta.

Uno de los recuerdos más frustrantes de mi ministerio es el de no haberle organizado una fiesta de quince a una adolescente que asistía a los campamentos de L.A.GR.AM. En un cumpleaños de quince de otra chica, me enteré de que parte de los globos, los silbatos y las matracas se los había regalado Ernalí, que también cumplía quince, y a quien sus padres, por peleas entre ellos y por falta de dinero, no le habían podido (ni querido) organizar nada. El gesto de regalarle las cosas a su amiga, siendo que ella se tenía que quedar sin fiesta, me conmovió, y me decidió a que se la organizaríamos con el ministerio. Pero por las muchas ocupaciones y complicaciones (excusas; debería decir falta de sensibilidad) la fiesta nunca se hizo, y siento que se la debo. Aprendí mucho de Tony Campolo sobre esto. ¿A ti no te gustaría pertenecer a una iglesia que se dedicara a organizarle fiestas a los que no podrían tenerlas de otra forma? ¿A quién no?

Jubileo: El año agradable al Señor

> Así santificaréis el año cincuenta y pregonaréis libertad en la tierra a todos sus habitantes. Ese año os será de jubileo, y volveréis cada uno a vuestra posesión, y cada cual volverá a su familia. El año cincuenta os será jubileo; no sembraréis, ni segaréis …
> Levítico 25.10–11

¿Qué era el jubileo? Era la llegada del año dedicado al descanso, a la familia y al festejo. El resto del capítulo 25 de Levítico habla del sábado, que era el día de descanso, no sólo para los hombres sino también para la tierra y los animales. Además habla del año séptimo, y de todo el plan de Dios para que el hombre disfrute de su vida.[24]

El jubileo marcaba la llegada del festejo: se perdonaban las deudas, la igualdad económica se restituía, y se ponía en libertad a los presos. Imaginémonos con qué alegría se esperaba esta celebración (¡si sucediera en la actualidad, todos nos estaríamos endeudando y descontrolando en el año 48!). Triste y curiosamente, el jubileo nunca se realizó. Los historiadores bíblicos no encuentran una sola vez en que se haya celebrado. Los rabinos dan justificaciones y explicaciones, pero lo cierto es que nunca se cumplió con esta fiesta que era ley.

Años más tarde, Isaías predijo que el jubileo sería algo que caracterizaría la llegada del Mesías.

> El espíritu de Jehová, el Señor, está sobre mí, porque me ha ungido Jehová. Me ha enviado a predicar buenas noticias a los

> pobres, a vendar a los quebrantados de
> corazón, a publicar libertad a los cautivos
> y a los prisioneros apertura de la cárcel;
> a proclamar el año de la buena voluntad
> de Jehová ... Isaías 61.1–2

Era una reunión de sábado en la sinagoga. Todos estaban alarmados por la presencia de Jesús. Atentos como perro ante olor a carne, lo miraban (seguramente de reojo, como cuando controlamos, en la reunión de oración, al abuelo que ora dos horas, por miedo a que empiece). Jesús se puso de pie, tomó el libro de Isaías y leyó esas palabras. Ya todo andaba mal, pero empeoró cuando, girando sobre sus hombros, los miró y declaró: *'Hoy se ha cumplido esta escritura delante de vosotros'*. Con esto les estaba diciendo que él venía a cumplir con el jubileo. Su misión de Salvador del mundo estaba íntimamente ligada con el espíritu de fiesta del jubileo. Él declaró: *'He aquí, el reino de Dios está entre vosotros'* (Lucas 17.21), y, por lo que había leído, el reino de Dios comenzaba con un jubileo, ¡una fiesta!

Una megafiesta

Dios había dispuesto que, una vez al año, todo el pueblo de Israel apartara el 10% (diezmo) de todo lo que había ganado en el año, para traerlo a su presencia.

> Indefectiblemente diezmarás todo el
> producto del grano que rinda tu campo
> cada año. Comerás delante de Jehová, tu
> Dios, en el lugar que él escoja para poner
> allí su nombre, el diezmo de tu grano, de
> tu vino y de tu aceite, y las primicias de

> tus manadas y de tus ganados, para que
> aprendas a temer a Jehová, tu Dios, todos
> los días.
>
> Si el camino es tan largo que no puedas
> llevarlo, por estar lejos de ti el lugar que
> Jehová, tu Dios, haya escogido para poner
> en él su nombre, cuando Jehová, tu Dios,
> te haya bendecido, entonces lo venderás,
> llevarás el dinero contigo e irás al lugar que
> Jehová, tu Dios, escoja. Allí entregarás el
> dinero *por todo lo que deseas*: por vacas, por
> ovejas, por vino, por sidra o por cualquier
> cosa que tú desees. Comerás allí delante de
> Jehová, tu Dios, *y te alegrarás, tú y tu
> familia.*
>
> No desampararás al levita que habite en
> tus poblaciones ... *el extranjero, el huérfano
> y la viuda que haya en tus poblaciones, y
> comerán y se saciarán, para que Jehová, tu
> Dios, te bendiga en toda obra que tus manos
> hagan.* Deuteronomio 14.22–29

Imagínate. Lo que traían era una décima parte del tesoro de toda la nación de Israel. ¿Para qué lo traían? Ofrenda para las misiones no era, y para construirle un anexo al templo tampoco. Era nada menos que para una gigantesca fiesta. ¡Impresionante!

Cuando yo era niño, pensaba que ir a la iglesia era aburrido. Pero esta celebración en el monte de Sión era cualquier cosa, menos aburrida: comida, bebida, danza, cantos, seguro que hasta trajes especiales, ¡de todo! Como vemos al final, nadie quedaba excluido de la fiesta, ni siquiera los niños pobres que nunca habían ido al cine, o las abuelitas a las que nadie visitaba en el hogar de ancianos. Seguro que los adolescentes eran el alma de la fiesta. Además podían ir los cobradores de impuestos, jefes, siervos… Todos olvidaban sus títulos y bailaban en la presencia del Señor. De no creer, ¿verdad? Léelo de nuevo.

La vida en el desierto era dura y llena de dificultades. Pero Dios quería que apartaran el diezmo, para que tuvieran un anticipo en la tierra de lo que sería su reino establecido: una fiesta. Si te parece raro todo esto, escucha a Jesús:

> El reino de los cielos es semejante a un rey que hizo una fiesta de boda a su hijo. Envió a sus siervos a llamar a los invitados a la boda, pero estos no quisieron asistir. Volvió a enviar otros siervos con este encargo: 'Decid a los invitados que ya he preparado mi comida. He hecho matar mis toros y mis animales engordados, y todo está dispuesto; venid a la boda.' Mateo 22.2–4

¿Entendiste? Jesús dijo que el reino de Dios era como una fiesta de bodas donde él sería el novio y nosotros, la iglesia, su novia.

¿Y cuando siento que me rindo? En el capítulo anterior revisábamos las depresiones, sus causas y sus remedios. Pero me reservé de mencionar un arma: la esperanza.

> Puestos los ojos en Jesús, el autor y consumador de la fe, el cual por el gozo puesto delante de él sufrió la cruz, menospreciando el oprobio, y se sentó a la diestra del trono de Dios. Hebreos 12.2

En ese momento crucial en que Jesús agonizaba en la cruz, en su mente estaba la imagen de lo que vendría después: nuestro perdón de pecados, la transformación posible, la venida del Espíritu Santo y el festejo final por el establecimiento del reino. Esta era su esperanza, y de esta esperanza nos podemos tomar para empezar a vivir en son de fiesta y alabanza.

> Por tanto, no desmayamos; antes, aunque este nuestro hombre exterior se va desgastando, el interior no obstante se renueva de día en día, pues esta leve tribulación momentánea produce en nosotros un cada vez más excelente y eterno peso de gloria; no mirando nosotros las cosas que se ven, sino las que no se ven, pues las cosas que se ven son temporales, pero las que no se ven son eternas.   2 Corintios 4.16–18

Incómodos

A algunos, hablar de fiesta en términos de iglesia les resulta más que incómodo, o hasta les parece una falta de respeto. Para ellos, la Biblia tiene una historia:

El rey David, el más grande ministro de alabanza de todos los tiempos innovó con un estilo de adoración, al danzar delante del Señor. Si hubiera sido gaucho hubiera bailado un malambo, una danza argentina típica. Pero era judío, y bailó al estilo judío. Algunos creen que determinados bailes son aptos para la alabanza y otros no. Esto es una incoherencia. Si uno es negro, y le sale danzar *'break dance'*, y lo hace para el Señor, ¡alabado sea su nombre! Otros tienen anulada la danza como forma de alabar a Dios; es cierto que se ha caído en extremos, pero ¿por qué no desmembrarnos para alabar al Señor? Todos estamos de acuerdo en que hay que alabarlo con todo nuestro ser. Entonces:

> Tenemos mente: que lo que cantamos tenga sentido y surja de una verdad bíblica.
>
> Tenemos corazón: que lo que cantamos llegue a nuestras emociones.
>
> Tenemos cuerpo: que nuestro físico exprese nuestros pensamientos y nuestras emociones.

¿Cómo expresarías una alegría desbordante? Veamos el siguiente pasaje:

> Cuando el Arca de Jehová llegaba a la ciudad de David, aconteció que Mical, hija de Saúl, miró desde una ventana, y al ver al rey David que saltaba y danzaba delante de Jehová, lo despreció en su corazón.
>
> 2 Samuel 6.16

Mical se convirtió en la típica aguafiestas amargada. A ella le pareció escandaloso que el rey organizara esa fiesta y danzara de esa forma. Parece que Dios no pensó lo mismo.

> Y Mical, hija de Saúl, no tuvo ya hijos hasta el día de su muerte. 2 Samuel 6.23

No me parece que sea conveniente aguarle la fiesta a ningún hijo de Dios...

Se cortó la luz

En la historia de la iglesia, es como si se hubiera cortado la luz en mitad del cumpleaños. Hemos perdido casi todo este espíritu que Dios trató de imprimir en su pueblo. Para los que quieren complicar las cosas, esto no es sólo asunto del Antiguo Testamento. Jesús comenzó su ministerio de milagros convirtiendo el agua en vino... ¡en una fiesta! (Juan 2.1–12). El padre del hijo pródigo organizó una fiesta para recibir a su hijo, y a Pedro y los suyos los acusaron de borrachos por la alegría y las maravillas que hacían cuando recibieron el Espíritu Santo.

¿Qué pasó? Los sociólogos explican que todos los grupos sociales que nacen en busca de un objetivo, tienen un ciclo. Se comienza con fuerza, ímpetu y alegría, pero el tiempo desgasta y, poco a poco, se van acomodando a lo que los rodea (en el caso de las religiones, la bolsa de los 'amargados').

A nosotros no nos debería ocurrir esto; para los verdaderos creyentes no hay ciclo de los grupos sociales que valga. El Espíritu Santo en nosotros desborda vida, y tiene ganas de hacernos unos 'fiesteros'.

De fiesta en fiesta

Como adolescente o joven, seguro que te gusta mucho participar de fiestas. ¿Qué te parecería hacer de tu familia una fiesta? *'¡Imposible!'* ¡No, para Dios nada es imposible! Primero levanta las expectativas que tienes de tu familia; si no esperas que pase, no sucederá. Tu fe es el canal que Dios tiene para actuar: cuanto más abres el canal, más bendice Dios. Acuérdate de esta frase: *'Nunca tus necesidades pueden ser más grandes que las ganas de Dios de proveerte'*. Pero si no esperas nada...

En segundo lugar, ordena tus prioridades. Es muy común que, como la familia sigue estando ahí con todos sus problemas, tú desaparezcas y te dediques a otra cosa. Esta situación tiene que cambiar; hay que darle tiempo y espacio de atención a la familia. ¿Y si tu familia es un desastre? Tristemente, conozco muchas familias que lo son, y he aconsejado a muchos adolescentes cuyos padres se parecen a Drácula y a la mujer vampiro. ¿Qué tal tomárselo con humor? La queja es el lenguaje del diablo; lo que es peor, no cambia nada. Intenta producir diversión en tu casa. Haz la prueba con los cumpleaños; que ninguno se te escape sin fiesta. Recuerda que todo cambio empieza en uno.

> **Dios es más grande que tu imaginación. Pero si no esperas nada...**

¿Fiesta en los estudios? *'Eso sí que no. Estudiar trigonometría cuántica, cósmica y espasmódica no es chiste; ahí sí que no hay razón para el festejo.'* En la universidad pude ver a muchos compañeros que lo sabían todo; al llegar el examen estaban tan nerviosos que hicieron un desastre. No tenían al Espíritu Santo para darles paz. *'¡Ajá, te descubrí! ¿Qué tiene que ver la paz con la fiesta?'* Para el mundo, la paz es la ausencia de conflicto. Para Dios, como parte del fruto del Espíritu Santo, es un sentimiento de bienestar a pesar de que a nuestro alrededor se estén tiroteando 'el Padrino' y 'Rambo'. Dios es dueño de todas las capacidades que poseemos los humanos, y él puede proveernos y aumentar cualquiera de ellas. Los cristianos deberíamos ser ejemplo como estudiantes destacados. Nuestra inteligencia y, en especial, nuestra sabiduría, se deberían notar a la distancia.

¿Fiesta en mi vida? Este libro incluye temas que nos animan, otros que nos hacen pensar, y otros que nos tiran de la oreja. El propósito detrás de este libro es que en nuestro corazón se produzca la fiesta que Dios quiere organizar, transformándonos en adolescentes y jóvenes alegres, con sueños, con una correcta imagen de nosotros mismos, sin miedo a tener valores desafiantes, sin miedo a ser realmente distintos, locos y arriesgados en un mundo donde todo está en la bolsa del diablo.

Liberándonos

La adolescencia es el tiempo en que nos abrimos como flores, para darle al mundo nuestra única y especial fragancia.

Comenzamos el libro hablando de la locura de la fe, y vamos a terminarlo hablando de dos que estaban para el encierro (de hecho, lo estuvieron):

> Entonces se agolpó el pueblo contra ellos; y los magistrados, rasgándoles las ropas, ordenaron azotarlos con varas. Después de haberlos azotado mucho, los echaron en la cárcel, mandando al carcelero que los guardara con seguridad. El cual, al recibir esta orden, los metió en el calabozo de más adentro y les aseguró los pies en el cepo. Pero a medianoche, orando Pablo y Silas, cantaban himnos a Dios; y los presos los

> oían. Entonces sobrevino de repente un
> gran terremoto, de tal manera que los
> cimientos de la cárcel se sacudían; y al
> instante se abrieron todas las puertas,
> y las cadenas de todos se soltaron.
>
> Hechos 16.22—26

Pablo y Silas estaban encarcelados por predicar y liberar. El carcelero, que debía parecerse a 'King Kong', los metió en un calabozo y en el cepo. Parece que Pablo pidió hacer gárgaras, y una vez encerrado dio la nota. No sé si era en fa o en sol, pero Silas se encendió, y empezaron a alabar al Señor. Luego, junto al resto de los presos que miraban, fueron levantando el ritmo hasta que llegaron a su canción preferida, y… ¡Vaya, qué fiesta! Parece que Dios, que escuchaba desde los cielos, la conocía, y como la canción era una de esas que tiene coreografía con saltito, lo dio. En ese instante todo se estremeció. El saltito produjo un terremoto en la tierra, y Pablo y Silas quedaron liberados. Más allá de los detalles, que son producto de mi imaginación, lo cierto es que la fiesta de Pablo y Silas en la cárcel fue escuchada por Dios, y él los liberó. Era de locos alabar al Señor en esas circunstancias, pero ellos se animaron a la fiesta, y el Señor respondió. No hay nada en tu vida de lo que Dios no te pueda liberar.[25]

La fiesta de las galaxias

Hay, sin embargo, una fiesta en el final de los tiempos, que cada vez que leo o escucho de ella me estremezco, y… ¿qué libro más emocionante que el Apocalipsis, para describirla?

> Y oí como la voz de una gran multitud,
> como el estruendo de muchas aguas y
> como la voz de grandes truenos, que decía:
> ¡Aleluya!, porque el Señor, nuestro Dios
> Todopoderoso, reina. Gocémonos, alegrémonos y démosle gloria, porque han llegado
> las bodas del Cordero y ... el ángel me dijo:
> Escribe: Bienaventurados los que son
> llamados a la cena de las bodas del Cordero.
> Y me dijo: Estas son palabras verdaderas de
> Dios. Apocalipsis 19.6–7, 9

Lo repito: *'Alégrense los que son llamados a las bodas del Cordero.'*

Dios nos llama a la fiesta. ¡Será mejor que salgamos de la bolsa!

Recursos de la Biblia

Temor

Proverbios 10.24; 29.25
2 Timoteo 1.7
Hebreos 2.14–15
1 Juan 4.18

Sexualidad

1 Corintios 7.1–5

Seguridad

1 Pedro 1.3–5
2 Pedro 1.10

Resentimiento

Proverbios 26.24–26
Hebreos 12.15

Reconciliación

Mateo 5.23–24
Lucas 17.3–10

Preocupación

Mateo 6.24–34
Filipenses 4.6–7
1 Pedro 5.6–7

Perdón

Mateo 6.14–15; 18.15–17
1 Juan 1.8–10

Padres–hijos

2 Corintios 12.14
Efesios 6.14
1 Timoteo 3.4–5

Orgullo

Léete todos los Proverbios.

Obediencia

1 Samuel 15.22
Lucas 17.9–10
Efesios 6.1
Hebreos 5.18; 13.17

Hábitos

Proverbios 19.19
Gálatas 5.16–21
Romanos 6–7
1 Pedro 2.14–19

Envidia
Santiago 3.14–16
1 Pedro 2.1

Depresión
Génesis 4.6–7
Salmos 32; 38; 51
2 Corintios 4.8–9

Duda
Santiago 1.6–8

Dones
Romanos 12.3–8
1 Corintios 12–14
Efesios 4

Decisiones
2 Timoteo 3.15–17
Hebreos 11.23–27

Borrachera
Proverbios 2.1; 23.29; 31.4–6
Efesios 5.18
1 Pedro 4.3

Arrepentimiento
Lucas 3.8–14; 24.47
Hechos 3.19; 5.31; 17.30
2 Corintios 7.10; 12.21

Amor
1 Corintios 13
1 Pedro 1.22
1 Juan 4.10
2 Juan 5–6

Amistad
Proverbios 9.6; 13.20; 17.9, 17
Juan 15.13–15

Amigo o amiga:

Si tienes observaciones, preguntas, comentarios, historias o cualquier otra cosa que nos quisieras contar, lo puedes hacer. L.A.GR.AM te espera en: www.lagram.com.ar

Referencias

[1] 'Vivíamos obsesionadas con ser flacas', *Revista Gente* n° 1524, Argentina, 1994.

[2] Mamerto Menapace: *Cuentos rodados*, Editorial Patria Grande, Argentina, 1983.

[3] Samuel Escobar: *Irrupción juvenil*, Vida, EE.UU., 1984.

[4] Fred Hartley: *Atrévete a ser vencedor*, Vida, EE.UU., 1985.

[5] Jacobo Vartanian Ocanto: *Dios quiere usarme: Vida y mensaje de Moody*, Edición del autor, Argentina, 1985.

[6] David Seamands: *Curación para los traumas emocionales*, CLIE, España, 1981.

[7] Andrew Murray: *Humildad, hermosura de la santidad*, CLIE, España, 1980.

[8] Keith Bentson: *La crianza de los hijos*, Logos, Argentina, 1981.

[9] Norman Wright: *Respuesta a las relaciones entre padres y adolescentes*, clie, España, 1982.

[10] Arnaldo Rascovsky: *Decálogo de buenos y malos padres*, Shapire Editor, Argentina, 1974.

[11] Walter Trobisch: *Iniciación al amor*, Sígueme, España, 1979.

[12] Guillermo Mac Donald: *El verdadero discipulado*, Cruzada de Literatura Cristiana, Argentina, 1968.

[13] Citado por Richard Foster: *Alabanza a la disciplina*, Betania, EE.UU., 1978.

[14] St. Alphonsus Liguori: *A Good Confession*, Burns and Oates, Reino Unido, 1964.

[15] Richard Foster: *Op. cit.*

[16] Jay Adams: *Capacitados para restaurar*, CLIE, España, 1986.

[17] V. Hacking: *Smith Wigglesworth: Recordándolo*, Peniel, Argentina, 1994.

[18] Billy Graham: *Manual de Billy Graham para obreros cristianos*, Billy Graham Evangelistic Association, EE.UU., 1984.

[19] Michael Smith: *En edad para saber*, Caribe, EE.UU., 1987.

[20] Entre otros, Frank Richardson: *Sólo para muchachos*, Casa Bautista de Publicaciones, EE.UU., 1967.

[21] Walter Trobisch: *Agradable sensación*, Sígueme, España, 1980.

[22] Evelyn Millis Duvall: *¿Por qué esperar hasta el matrimonio?*, Mundo Hispano, EE.UU., 1974.

[23] Walter Trobisch: *Iniciación al amor*, Sígueme, España, 1979.

[24] Tony Campolo: *El reino de Dios es una fiesta*, Betania, EE.UU., 1993.

[25] Germán Ortiz: *Una fe de locos: Devocionales para campamentos*, L.A.GR.AM, Argentina, inédito.

Lecciones bíblicas para grupos juveniles.
Jesús tuvo una hermosa vida de oración.
Tú también puedes tenerla.

sexo realmente seguro

El verdadero plan de Dios para la plenitud sexual

ser amigos

Germán Ortiz

Claves para relaciones profundas y duraderas.

Certeza
LIBROS QUE INSPIRAN

Conoce a JESUS
en el Evangelio de Marcos

30 estudios

Silvia Chaves

Un profundo encuentro con el Jesús bíblico y cotidiano.

Certeza
LIBROS QUE INSPIRAN

Esta edición se terminó de imprimir en Editorial Buena Semilla,
Carrera 28, N° 64 A-34 , Bogotá, Colombia, en el mes de enero de 2005